UTB **3468**

Eine Arbeitsgemeinschaft der Verlage

Böhlau Verlag · Wien · Köln · Weimar
Verlag Barbara Budrich · Opladen · Farmington Hills
facultas.wuv · Wien
Wilhelm Fink · München
A. Francke Verlag · Tübingen und Basel
Haupt Verlag · Bern · Stuttgart · Wien
Julius Klinkhardt Verlagsbuchhandlung · Bad Heilbrunn
Mohr Siebeck · Tübingen
Nomos Verlagsgesellschaft · Baden-Baden
Orell Füssli Verlag · Zürich
Ernst Reinhardt Verlag · München · Basel
Ferdinand Schöningh · Paderborn · München · Wien · Zürich
Eugen Ulmer Verlag · Stuttgart
UVK Verlagsgesellschaft · Konstanz, mit UVK/Lucius · München
Vandenhoeck & Ruprecht · Göttingen
vdf Hochschulverlag AG an der ETH Zürich

Monika Hoffmann

Deutsch üben fürs Studium

FERDINAND SCHÖNINGH

Die Autorin:
Monika Hoffmann ist promovierte Sprachwissenschaftlerin. Sie unterrichtet Deutsch.

Bibliografische Information der Deutschen Nationalbibliothek

Die Deutsche Nationalbibliothek verzeichnet diese Publikation in der Deutschen Nationalbibliografie; detaillierte bibliografische Daten sind im Internet über http://dnb.d-nb.de abrufbar.

© 2011 Ferdinand Schöningh, Paderborn
(Verlag Ferdinand Schöningh GmbH & Co. KG, Jühenplatz 1, D-33098 Paderborn)
Internet: www.schoeningh.de

Das Werk, einschließlich aller seiner Teile, ist urheberrechtlich geschützt. Jede Verwertung außerhalb der engen Grenzen des Urheberrechtsgesetzes ist ohne Zustimmung des Verlages unzulässig und strafbar. Das gilt insbesondere für Vervielfältigungen, Übersetzungen, Mikroverfilmungen und die Einspeicherung und Verarbeitung in elektronischen Systemen.

Printed in Germany.
Herstellung: Ferdinand Schöningh, Paderborn
Einbandgestaltung: Atelier Reichert, Stuttgart

UTB-Bestellnummer: ISBN 978-3-8252-3468-3

Inhalt

Wieso, weshalb, warum? 7

Teil I: Ihr Kontext 9

Erste Einheit: Bildungssprache 10
BAUSTEIN 1: Bloß kein Bluff 10
BAUSTEIN 2: Mehr als dahergesagt 12

Teil II: Texten 15

Zweite Einheit: Sätze 16
BAUSTEIN 3: Hauptsätze und Nebensätze 16
BAUSTEIN 4: Einfache Sätze, komplexe Sätze 19
BAUSTEIN 5: Attribute 24
BAUSTEIN 6: Aktiv und Passiv 28
BAUSTEIN 7: Fallstrick # 1: Kongruenz 34
BAUSTEIN 8: Fallstrick # 2: Satzklammer 38
BAUSTEIN 9: Fallstrick # 3: Verhältnis Hauptsatz – Nebensatz 42
BAUSTEIN 10: Fallstrick # 4: Satzwertiger Infinitiv 45

Dritte Einheit: Zusammenhang 48
BAUSTEIN 11: Verbindungswörter nutzen 48
BAUSTEIN 12: Nach Informationsgehalt vorgehen 51
BAUSTEIN 13: Geschichten erzählen 53

Vierte Einheit: Texte 56
BAUSTEIN 14: Ordnen 56
BAUSTEIN 15: Gliedern 58
BAUSTEIN 16: Lenken 61

Fünfte Einheit: Textbearbeitung 64
BAUSTEIN 17: Straffen 64
BAUSTEIN 18: Vereinfachen 67
BAUSTEIN 19: Korrektur lesen 69

Teil III: Nachfassen ... 71

Sechste Einheit: Rechtschreibung und Grammatik ... 72
BAUSTEIN 20: Der s-Laut und andere Tücken ... 72
BAUSTEIN 21: Groß- und Kleinschreibung ... 76
BAUSTEIN 22: Getrennt- und Zusammenschreibung ... 83
BAUSTEIN 23: Der Bindestrich ... 90
BAUSTEIN 24: *Das* oder *dass*? ... 93
BAUSTEIN 25: Indirekte Rede ... 96

Siebte Einheit: Satzzeichen ... 101
BAUSTEIN 26: Das Komma ... 101
BAUSTEIN 27: Weitere Satzzeichen ... 105
BAUSTEIN 28: Zeichensetzung bei Zitaten ... 109

Teil IV: Weiterkommen ... 113

Achte Einheit: Strategien ... 114
BAUSTEIN 29: Schreiben von A bis Z ... 114
BAUSTEIN 30: Noch mehr Übungen ... 115

Literatur ... 117

Lösungen im Internet unter www.utb-mehr-wissen.de

Wieso, weshalb, warum?

Wenn Sie an einer deutschsprachigen Hochschule studieren, brauchen Sie Deutsch fürs Studium. Daran führt kein Weg vorbei.

Sie werden Deutsch als Erstsprache oder Zweitsprache sprechen oder als Fremdsprache auf einem hohen Niveau. Sie werden auch viel Deutsch geschrieben haben, sonst wären Sie nicht in die Hochschule gelangt. Dennoch kommt jetzt etwas Neues hinzu: Sie wollen so schreiben, dass es wissenschaftlichen Ansprüchen genügt. Dieses Ziel allein treibt vielen Studierenden den Schweiß auf die Stirn.

Für Stress besteht jedoch kein Grund. Denn Schreiben fürs Studium – und für den späteren Beruf – lässt sich erlernen. Sie brauchen nur zwei Dinge zu tun: Erstens frischen Sie Ihre Kenntnisse der Rechtschreibung und Grammatik auf. Dabei hilft Ihnen der Band *Deutsch fürs Studium*. Zweitens üben Sie, und zwar unermüdlich. Dazu ist dieser Band da.

Deutsch üben fürs Studium ist in vier Teile gegliedert. Die können Sie unabhängig voneinander und in beliebiger Reihenfolge bearbeiten. Der erste Teil zeigt Ihnen, was für eine Sprache Sie brauchen, um die vielen verschiedenen Schreibgelegenheiten gleichermaßen gut zu nutzen.

Im zweiten Teil texten Sie. Zunächst entwickeln Sie ein Gespür für Sätze. Sie erkennen, was Sie beim Satzbau tun und lassen sollten. Dann machen Sie aus einzelnen Sätzen schlüssige Texte, und in diese Texte bauen Sie zusätzlich Orientierungshilfen ein. Zu guter Letzt sind Sie Ihr eigener Kritiker, indem Sie Ihren Text sorgfältig prüfen und überarbeiten. Dabei straffen und vereinfachen Sie ihn, bis er schlank, elegant und eindrucksvoll dasteht. Den letzten Schliff verpassen Sie dem Text beim Korrekturlesen.

Im dritten Teil können Sie nachfassen. Wenn Sie beim Schreiben oder an Ihren Ergebnissen merken, dass es mit Rechtschreibung, Grammatik oder Zeichensetzung hapert, dann nehmen Sie sich die entsprechenden Bausteine vor. Lassen Sie nicht locker, bis Sie den Sachverhalt verstanden haben und umsetzen können. Diese Mühe lohnt sich, denn sie erspart Ihnen viele Unsicherheiten und Fehler in der Zukunft.

Im vierten Teil geht es darum, wie Sie Ihr Schreiben noch weiter aufwerten. Dabei helfen eine umsichtige Planung und noch mehr Übung. Beides können Sie sich zur Gewohnheit machen. Testen Sie dazu den einen oder anderen Vorschlag.

Die Lösungen zu sämtlichen Übungen finden Sie im Internet unter www.utb-mehrwissen.de. Dort können Sie nachschauen oder sich das Dokument herunterladen. So haben Sie mit *Deutsch üben fürs Studium* einen kleinen, handlichen Band, den Sie gut mitnehmen und jederzeit bearbeiten können. Nutzen Sie dazu ruhig auch Leerlaufzeiten: Zugfahrten, Ausfallstunden oder Sonnenschein auf dem Campus. Je mehr Sie üben, desto besser werden Sie.

Zu meinem Vorgehen möchte ich Ihnen drei Anmerkungen mitgeben. Erstens zu den Verweisen auf *Deutsch fürs Studium*: Sie beziehen sich auf die zweite, überarbeitete Auflage (2010). Dort können Sie nachlesen, wenn Sie mehr Hintergrund brauchen. Zweitens zu den Übungssätzen: Die sind frei erfunden; sie führen *nicht* spezifische Arbeiten vor. Von daher können Sie die Sätze ohne Skrupel in der Luft zerreißen oder auf dem Boden zertrampeln; eigens zu diesem Zweck habe ich sie gemacht. Drittens zum Sprachgebrauch: Bei Personenbezeichnungen verwende ich nur *eine* Form, entweder das Maskulinum (*die Dozenten*) oder das Femininum (*die Dozentinnen*). Das andere Geschlecht ist jeweils mitgemeint, es sei denn, die Umstände schließen das aus. (Das würden Sie zweifelsohne erkennen.) Mit der einfachen Nennung ist der Text einfacher zu lesen. Und so soll es auch sein.

Zum Schluss noch ein Hinweis zu Ihrem Schutz: Die Beispieltexte, auch die längeren Passagen, die wissenschaftliche Arbeiten darstellen sollen, sind *nicht* zitierfähig. Wenn Sie auf Beispiele stoßen, die zufällig zu Ihren Themen passen, so betrachten Sie diese höchstens als Inspiration, nicht aber als wissenschaftliche Ausführung. Das sind sie nämlich nicht. Sie dienen allein dem Zweck, sprachliche Phänomene zu zeigen.

Nun wünsche ich Ihnen den langen Atem, den man zum Üben braucht, und vor allem viel Freude daran, wie Ihre Texte immer besser werden.

Wiesbaden, im Januar 2011   Monika Hoffmann

Teil I: Ihr Kontext

Sie gehören zu einem Fach, zu einer Hochschule und zur großen Gruppe derer, die in den Beruf streben. Für all diese Zusammenhänge brauchen Sie das Schreiben. Also muss Deutsch fürs Studium vielfältigen Ansprüchen genügen.

Zunächst einmal sind Ihre wissenschaftlichen Arbeiten wichtig für Sie, denn danach werden Sie benotet. Später im Beruf werden Sie es mit verwandten Textsorten zu tun haben. Dann kommt es darauf an, dass Ihre Texte effiziente Arbeitsabläufe ermöglichen. Deshalb sollten Sie bereits jetzt auf die Verständlichkeit und einen guten Stil achten.

Neben Ihren wissenschaftlichen Arbeiten haben Sie im Studium und danach auch Überzeugungsarbeit zu leisten. Sie werden sich um Praktika bewerben, Ferienjobs, Stipendien und schließlich um einen Arbeitsplatz. Die Texte, die Sie dazu schreiben, sollen Ihr Gegenüber in Ihrem Sinne beeinflussen.

Schließlich gibt es, ob Sie studieren oder arbeiten, immer auch Zwischenmenschliches zu gestalten. Sie sollten in der Lage sein, sich zu entschuldigen oder zu bedanken, Beileid oder Glückwünsche auszusprechen oder einen netten Brief zu schreiben. Solche Texte sind die Schmiere, die das soziale Getriebe rund laufen lassen.

All diese Schreibgelegenheiten haben ausgeprägte Eigenheiten, dennoch ist ihnen etwas Gemeinsames vorgeschaltet: die Bildungssprache. Das ist die Sprache, mit der Sie Dinge aller Art für ein interessiertes Publikum verständlich darstellen können. Es ist die Sprache, die Sie brauchen, um sich im Studium, im Beruf und im gesellschaftlichen Leben frei und souverän zu bewegen. Diese allgemeine Bildungssprache werden Sie üben.

Erste Einheit: Bildungssprache

Bildungssprache hat einen schweren Stand, denn sie muss sich in zwei Richtungen behaupten. Auf der einen Seite stehen diejenigen, die Bildung *vorzeigen* wollen. Sie achten mehr auf den Vorzeigeeffekt als auf die Verständlichkeit. Solchen Bluff sollten Sie erstens durchschauen und zweitens bitte nicht nachahmen. Auf der anderen Seite stehen diejenigen, für die eine gepflegte Bildungssprache den Geruch des Elitären hat. Um dem zu entgehen, schreiben sie die Umgangssprache, die sie sprechen. Dabei nehmen sie auch Fehler in Kauf. Beide Seiten verkennen den Zweck der Bildungssprache: Sie soll die Dinge ohne großes Aufheben sach- und situationsgerecht verständlich machen.

In dieser Einheit schärfen Sie Ihren Blick für einen guten Ausdruck. Sie üben, Bluff zu erkennen, auf Genauigkeit zu achten und die Schriftform zu wahren.

1 Bloß kein Bluff

Manche Texte sind regelrecht darauf angelegt, gebildet zu wirken. Die Wörter sind abgehoben; die Sätze sind verbaut; die Gedankengänge sind nur schwer zu verfolgen. Das soll den Eindruck erwecken, die Materie sei komplex und die Erkenntnis tief. Viele halten das für einen wissenschaftlichen Stil. Aber das ist es nicht.

Wissenschaftlicher Stil ist vor allem eins: sehr genau. Zudem muss jede Aussage objektiv und für andere nachvollziehbar sein. Gerade dieser letzte Anspruch wird durch eine komplizierte Ausdrucksweise verletzt. Wer seine Erkenntnis anderen zugänglich machen will, muss sie möglichst einfach beschreiben.

Wie aber schafft man das? Wichtig ist, dass man selbst den Sachverhalt versteht. Denn erst mit dem eigenen Verständnis hat man etwas, was man weitergeben kann. Ansonsten kann man nur Nebel verteilen. Das Motto beim Schreiben sollte sein: Klar denken und die Gedanken deutlich, sicher und kurz aussprechen.

Übungen

Erste Übung
Die folgenden Passagen sind Kostproben eines aufgeblasenen Stils. Bitte machen Sie sich klar, was gesagt wird, und geben Sie das so einfach wie möglich wieder.

1. Im Interesse einer optimalen Verständlichkeit komplexer textueller Zusammenhänge wird bei Personenbezeichnungen teilweise auf die das Femininum markierende Endung verzichtet. Damit ist keine Herabsetzung des weiblichen Geschlechts intendiert.

2. Die wieder zunehmende Beschäftigung mit dem Komplex der Grammatik im Rahmen der Vermittlung von Schreibkompetenz ist nicht allein aus der Sprachwissenschaft heraus zu erklären. Vielmehr bleibt festzustellen, dass das Interesse in einem engen Zusammenhang mit Fragen der Integration und der Chancengleichheit für Muttersprachler und Zweitsprachler auf dem Arbeitsmarkt und im Bereich des sozialen Lebens steht.

Zweite Übung
Die Sprache der Wissenschaft muss nicht kompliziert sein, wohl aber genau. Bitte lesen Sie unter diesem Gesichtspunkt die folgenden Texte und markieren Sie die Stellen, die ungenau, missverständlich oder falsch sind. Erklären Sie, was nicht stimmt.

1. Immer wieder wird von allen Seiten darauf hingewiesen, dass es den Jugendlichen an Ausbildungsreife mangelt. Sie können nicht rechnen, nicht schreiben und wissen sich nicht zu benehmen. Dadurch entsteht den Betrieben Schaden.

2. Diverse Studien beschäftigen sich mit den Auswirkungen des dreigliedrigen Schulsystems auf den Lernerfolg. Insbesondere sozial benachteiligte Kinder kommen hier zu kurz. Andere Studien untersuchen den Deutschunterricht an sich. Der ist vom Konzept her auf einen Hintergrund zugeschnitten, den die meisten Kinder gar nicht mehr mitbringen. So sitzen in jeder Deutschstunde unzählige Kinder, die sich überhaupt nicht angesprochen fühlen. Der Unterricht geht an ihnen vorbei, und sie sind nachher genauso dumm wie vorher.

2 Mehr als dahergesagt

Gute Texte lesen sich mit einer Leichtigkeit, die ans Sprechen erinnert; beim Schreiben jedoch sind sie alles andere als bloß dahergesagt. Wären sie das, so würden sie sich schlecht lesen. Denn die Elemente, über die man im Mündlichen hinweghört, wirken im Schriftlichen störend.

Mit den Übungen können Sie Ihr Gespür schärfen für die Unterschiede zwischen schriftlicher und mündlicher Ausdrucksweise.

Übungen

Erste Übung
In den folgenden Sätzen haben sich Elemente der gesprochenen Sprache eingeschlichen. Welche sind das? Bitte benennen oder beschreiben Sie die Elemente.

1. Der Autor, wo ich dir von erzählt habe, liest nächste Woche im Literaturhaus.
2. Ich mag seine Romane noch lieber wie die von John Updike.
3. Der Professor Aal wird nächstes Semester ein Seminar über Updike anbieten.
4. Ich finde dem Professor Aal seinen Unterricht immer etwas konfus.
5. Er schweift gerne mal vom Thema ab, wobei am Ende passt dann doch wieder alles zusammen.
6. Er kann sich diese Exkurse erlauben, weil er behält eben immer den Überblick.
7. Er erwartet auch von den Studierenden mehr wie die anderen Professoren.
8. Dafür ist er mega hilfsbereit, wenn man ihn etwas fragt.
9. Der Gastprofessor, wo ich letztes Semester bei war, hat uns überhaupt nicht geholfen.
10. Dem sein Ziel war es offensichtlich, ein entspanntes Auslandssemester zu verbringen.

Zweite Übung
Die folgenden Texte enthalten Stellen, an denen die gesprochene Sprache durchschlägt. Im Schriftlichen sind diese Ausdrucksweisen stilistisch auffällig oder grammatisch falsch. Bitte verbessern Sie die betreffenden Stellen.

1. Sehr geehrter Herr Professor Bär, mittlerweile bin ich mit meiner Arbeit ein gutes Stück vorangekommen. Vielen Dank noch einmal für die Hin-

weise; sie haben mir sehr geholfen. Nur der Frau Cohn ihre Anregung habe ich letztlich doch nicht umgesetzt, weil dann wäre ich mit meiner Argumentation ins Abseits geraten. So bleibe ich, wie geplant, bei der Biographie von einer Person. Ich habe mich für die Person entschieden, wo wir schon einmal drüber gesprochen haben. Ich würde Ihnen gerne die Einleitung und die Gliederung zeigen. Würden Sie mal drüberschauen, bevor ich weitermache? Das wär super nett.

2. In diesem Kapitel werden die Hauptfigur Anna und ihre Gegenspielerin Zora gegenübergestellt. Während die Eigenschaften von Anna explizit ausgeführt werden, sind die Charakterzüge von Zora nur aus ihrem Handeln abzuleiten. Zora ist viel tiefgründiger wie Anna. Das wird besonders deutlich in der Szene, wo die beiden zusammen bei Carlos auftauchen. Der Carlos ist erst einmal total sauer, doch er fängt sich schnell, weil er will es sich ja mit keiner Frau verderben.

Teil II: Texten

Schreiben ist ein weiter Weg; texten ist ein Teil der Strecke. Mit dem Schreiben beginnen Sie, wenn Sie Ihr Thema finden; mit dem Texten geben Sie Ihrem Thema Gestalt. Das ist zunächst einmal eine Rohfassung, und die bekommt in vielen weiteren Schritten ihren Feinschliff verpasst.

Was Texte von bloßen Notizen unterscheidet, ist erstens die Vollständigkeit der Sätze und zweitens deren Zusammenhang. Also geht es los mit dem Satzbau. Sie sehen, was es für Satzmuster gibt, was Sie damit anfangen können – und wo Sie aufpassen müssen.

Die nächste Einheit zeigt, wie Sie Sätze sinnvoll miteinander verbinden. Sinnvoll ist die Verbindung dann, wenn sich ein Satz wie von selbst aus dem anderen ergibt. Dann ist ein roter Faden da, an den der Leser sich halten kann. Sehen Sie, was es für Möglichkeiten gibt, den roten Faden zu führen.

Die folgende Einheit hilft Ihnen, Ihre Aussagen noch deutlicher herauszustellen. Das kriegen Sie hin, indem Sie Ihre Informationen geschickt ordnen und in überschaubaren Einheiten präsentieren. Zur Verstärkung können Sie noch zusätzliche Steuerungsmittel einbauen.

In der letzten Einheit schließlich wird der Text bearbeitet: gestrafft, vereinfacht und auf Fehler überprüft. Aus Erfahrung weiß ich, dass dieser Schritt nicht sehr beliebt ist. Oft wird er aus Zeitnot gestrichen. Das sollten Sie aber nicht tun. Denn gerade bei der Bearbeitung kann Ihr Text nur gewinnen.

Zweite Einheit: Sätze

Sätze bestimmen mehr noch als die Wortwahl, wie sich ein Text liest. Ein unpassendes Wort springt dem Leser ins Gesicht; die Wirkung ist unmittelbar. Ein holpriger Satzbau dagegen verursacht ein vages Unbehagen; er macht das Lesen mühevoll. Der Leser gerät ins Stocken, verliert sich, muss suchen – und ärgert sich. Ein verärgerter Leser ist schlecht für den Text.

Natürlich geht die Wirkung des Satzbaus auch in die umgekehrte Richtung: Ein guter Satzbau zieht den Leser in einen Lesefluss. Er merkt gar nicht, wie er liest.

In dieser Einheit üben Sie erstens, richtige Sätze zu schreiben, und zweitens, diese Sätze auch noch zu gestalten. Durch die Gestaltung kriegen Sie gute Sätze. Darin ist die Information nicht nur gesammelt; sie kommt auch noch wie gewünscht zur Geltung.

3 Hauptsätze und Nebensätze

Siehe auch Deutsch fürs Studium, Baustein 26

Ein Hauptsatz ist ein Satz, der keinem anderen Satz untergeordnet ist. Ein Nebensatz ist ein untergeordneter Satz. Er ist entweder einem Hauptsatz untergeordnet oder einem anderen Nebensatz.

Warum ist es wichtig, dass Sie Haupt- und Nebensätze unterscheiden können? Sie brauchen diese Unterscheidung, um die Tragfähigkeit Ihrer Sätze zu beurteilen. Stellen Sie sich das vor wie beim Bau: Nach außen hin mögen tragende Wände und Gipswände gleich aussehen; für die Statik jedoch sind sie grundverschieden. Im Satzbau ist das ähnlich: Der Hauptsatz muss die Konstruktion tragen. Wird zu viel Gewicht auf die Nebensätze gelegt, so kann eine Schieflage entstehen. Der Satz mag zwar richtig sein und halten, aber er ist weder harmonisch noch angenehm zu lesen.

Bitte üben Sie, bis Sie einen Blick haben für Hauptsätze und Nebensätze.

Übungen

Erste Übung
Bitte unterstreichen Sie die Nebensätze. Sie sind mit einer Konjunktion eingeleitet, mit einem Relativpronomen oder mit einem Fragewort.

1. Arbeitszeit ist eine klare Sache, wenn man fest angestellt ist.

Baustein 3: Hauptsätze und Nebensätze 17

2. Dann ist es die Zeit, die man am Arbeitsplatz verbringt.
3. Die Ruhepausen, die gesetzlich vorgeschrieben sind, werden nicht mitgerechnet.
4. Arbeitszeit ist viel schwieriger zu erfassen, sobald man in Eigenregie schafft.
5. Wer kennt nicht die Tücken, die jedem Zeitplan innewohnen?
6. Nehmen Sie als Beispiel eine Hausarbeit, die diesmal ganz gewiss ohne Zeitnot fertig werden soll.
7. Man geht also voller guter Vorsätze in die Bibliothek, um sein Material zusammenzusuchen.
8. Dort trifft man zwischen den Regalen einen Kommilitonen, den man seit dem ersten Semester nicht mehr gesehen hat.
9. Der Kommilitone erzählt, dass er gerade aus Spanien zurückgekehrt sei.
10. Dort habe er sein Auslandssemester verbracht, weil er Land und Leute kennen lernen wollte.
11. Spanien ist natürlich viel spannender, als eine Hausarbeit das je sein kann.
12. Man redet sich von Santander über Madrid nach Granada, während die Arbeit liegen bleibt.
13. Abends fragt man sich, warum Hausarbeiten sich eigentlich immer so dahinschleppen.
14. Schließlich hat man den ganzen Nachmittag in der Bibliothek verbracht, ohne dass etwas dabei herausgekommen ist.
15. Manchmal ist man besser bedient, wenn man zu Hause arbeitet.

Zweite Übung
Bitte unterstreichen Sie die Nebensätze. Es sind auch welche ohne Einleitewort dabei.

1. Gäbe es nicht so viele Ablenkungen, dann wäre das Arbeiten zu Hause ideal.
2. Man spart schon dadurch Zeit, dass die Anreise entfällt.
3. Die kann einem, wenn man im Berufsverkehr unterwegs ist, den letzten Nerv rauben.
4. Wie gut hat man es dagegen, wenn man am eigenen Schreibtisch sitzt.
5. Vieles, was man braucht, kann man vom PC aus recherchieren.
6. Das Lesen geht leichter, weil man sich bequem einrichten kann.
7. Da weit und breit kein Kopierer steht, macht man mehr Notizen.

8. Beim Schreiben kann man sich die Sätze laut vorsagen, ohne dass jemand mithört.
9. Da es keine Öffnungszeiten zu beachten gibt, braucht man nicht auf die Uhr zu schauen.
10. So kann man – theoretisch – arbeiten, bis man ins Bett fällt.
11. Wäre man nicht vernetzt, dann könnte das sogar hinhauen.
12. Mit dem Internet ist das Nächste, was man unbedingt wissen muss, immer nur einen Klick entfernt.
13. Wie schnell man über eine Literaturrecherche in einem sozialen Netzwerk landet, das hat jeder schon erfahren.
14. Kritiker des Internets behaupten, es biete mehr Ablenkung als Hilfe.
15. Um das zu widerlegen, braucht man vor allem Disziplin.

Dritte Übung
Bitte unterstreichen Sie die Hauptsätze.

1. Psychologen der amerikanischen Brigham Young University haben knapp 25 000 Mitarbeiter der Firma IBM befragt, wie gut sie Familie und Beruf in Einklang bringen.
2. Mitarbeiter, die regelmäßig ins Büro gehen, geraten schon bei einer Wochenarbeitszeit von mehr als 38 Stunden in Konflikte.
3. Die Heimarbeiter dagegen trauen sich bis zu 57 Stunden die Woche zu, weil sie ihre Zeit flexibler einteilen können.
4. Die Kriterien Qualität und Effektivität, die für das Unternehmen ebenso wichtig sind wie die Zeit, wurden allerdings nicht bewertet.
5. Kaum jemand kann Höchstleistungen vollbringen, während er anderen Pflichten nachgeht.
6. Die meisten Menschen brauchen Ruhe, damit sie sich konzentrieren können.
7. Dagegen kann man Arbeiten, die keine Konzentration erfordern, auch nebenbei erledigen.
8. Das ist sogar gut fürs Denken, weil das Hirn während der Routinetätigkeiten weiterarbeiten kann.
9. Es verarbeitet den Stoff, ohne dass man es merkt.
10. Und irgendwann, wenn man gar nicht an das Thema denkt, meldet es sich mit einem Geistesblitz.

Vierte Übung
Bitte unterstreichen Sie die Hauptsätze. Denken Sie daran, dass Hauptsätze nicht unbedingt so aussehen, als könnten sie allein stehen (siehe auch *Deutsch fürs Studium*, Baustein 27). Das gilt insbesondere dann, wenn sie auf einen Nebensatz folgen oder wenn ihr Subjekt aus einem Nebensatz besteht. Ein sicheres Erkennungsmerkmal ist die Stellung des finiten Verbs: Es steht – nach Satzgliedern gezählt – an der zweiten Stelle.

1. Was das beste Arbeitsumfeld ist, kann man nicht generell sagen.
2. Tatsache ist, dass ein jeder seinen eigenen Stil finden muss.
3. Das betrifft auch die Arbeitszeiten, sofern man sie selbst bestimmen kann.
4. Wer zu den Nachtigallen gehört, kann sich tagsüber auf Pflichtübungen beschränken.
5. Für Arbeiten, die Kreativität verlangen, wäre dann der Abend besser geeignet.
6. Dass eine Lerche abends noch kreativ wird, ist unwahrscheinlich.
7. Sowohl Nachtigallen als auch Lerchen sind anfällig für eine Krankheit, die weit verbreitet ist.
8. Das ist die Aufschieberitis, die wahrscheinlich jeder schon einmal gehabt hat.
9. Schlimm ist sie dann, wenn sie chronisch ist.
10. Wer an chronischer Aufschieberitis leidet, muss etwas unternehmen.

4 Einfache Sätze, komplexe Sätze

Einfache Sätze sind Sätze mit einem Prädikat. Komplexe Sätze bestehen aus mehreren Teilsätzen und haben deshalb mehrere Prädikate. Je nach Art der Teilsätze unterscheidet man zwei Grundmuster: Satzreihe und Satzgefüge. Die Satzreihe besteht aus Hauptsätzen; sie sind einander gleichgeordnet. Das Satzgefüge besteht aus einem Hauptsatz und mindestens einem Nebensatz; hier gilt das Prinzip der Unterordnung.

Wenn gleichgeordnete Teilsätze – also Hauptsatz und Hauptsatz oder Nebensatz und Nebensatz – ein Element gemeinsam haben, so braucht dieses gemeinsame Element nur einmal genannt zu werden. Eine Nennung spart man sich. Das Ergebnis einer solchen Einsparung ist ein zusammengezogener Satz.

Aus den genannten Mustern – einfacher Satz, Satzreihe, Satzgefüge, zusammengezogener Satz – lassen sich beliebige Varia-

Siehe auch Deutsch fürs Studium, Baustein 27

tionen bilden. Und genau darauf kommt es beim Schreiben an: Es ist die Abwechslung, die einen Text lebendig macht.

In diesem Baustein üben Sie, die Grundmuster von Sätzen zu erkennen und zu variieren.

Übungen

Erste Übung

In dieser Übung können Sie *hören,* wie der Satzbau den Rhythmus bestimmt. Die erste Passage stammt aus Angela Praesents Übersetzung von E. L. Doctorows Roman *Ragtime* (Rowohlt, 1976); die zweite Passage ist eine von mir veränderte Version. Der Inhalt ist gleich: Er beschreibt die ersten Jahre des zwanzigsten Jahrhunderts in Amerika. Bitte lesen Sie sich die Texte laut vor und vergleichen Sie die Wirkung.

1. Es schien keine Vergnügung ohne Scharen von Menschen zu geben. Züge und Dampfer und Straßenbahnen beförderten sie von einem Ort zum andern. Das war der Stil der Zeit, so lebten die Menschen. Frauen waren damals stattlicher. Sie besichtigten die Flotte und trugen dabei weiße Sonnenschirme. Jedermann trug Weiß im Sommer. Die Tennisschläger lagen schwer in der Hand, und ihre Schlagflächen waren ellipsenförmig. Es gab häufig Ohnmachten aus sexuellen Gründen. [*Ragtime*, Seite 13]

2. Es schien keine Vergnügung zu geben, bei der nicht Scharen von Menschen unterwegs waren, zumal Züge und Dampfer und Straßenbahnen sie von einem Ort zum andern brachten. Das war der Stil der Zeit und die Art, wie die Menschen lebten. Die Frauen, die damals übrigens stattlicher waren, besichtigten die Flotte, wobei sie weiße Sonnenschirme trugen. Jedermann trug Weiß im Sommer. Die Tennisschläger, die ellipsenförmige Schlagflächen hatten, lagen schwer in der Hand. Es kam häufig vor, dass jemand aus sexuellen Gründen in Ohnmacht fiel. [mh]

Zweite Übung

Handelt es sich bei den folgenden Sätzen um einfache Sätze oder um komplexe Sätze? Achtung! Lassen Sie sich nicht durch die Zeichensetzung in die Irre führen. Ausschlaggebend für den komplexen Satz ist allein die Anzahl der Prädikate. Schauen Sie also darauf, wie viele Kernaussagen jeweils vorhanden sind.

Baustein 4: Einfache Sätze, komplexe Sätze

1. Der 1931 geborene amerikanische Schriftsteller E. L. Doctorow ist in Deutschland vor allem durch seinen Roman *Ragtime* bekannt. (_____)

2. Der Roman spielt in der Zeit vor dem Ersten Weltkrieg, als die amerikanische Gesellschaft sich radikal wandelte. (_____)

3. Die Handlung verläuft in drei über die Beziehungen der Hauptfiguren miteinander verknüpften Strängen. (_____)

4. Der erste Strang beschreibt eine weiße Fabrikantenfamilie: Vater, Mutter, einen kleinen Jungen und Mutters jüngeren Bruder. (_____)

5. Diese Familie ist am Ende des Romans zersprengt. (_____)

6. Der zweite Strang verfolgt den Weg des aus Lettland eingewanderten Juden Tate vom halb verhungerten Scherenschnittkünstler zum erfolgreichen Filmproduzenten in Hollywood. (_____)

7. Zwischenstation auf diesem Weg ist das Daumenkino, das Tate für seine Tochter zeichnet. (_____)

8. Der dritte Strang begleitet den schwarzen Jazzpianisten Coalhouse Walker, der so fest an Recht und Ordnung glaubt, dass er die Wirklichkeit nicht sieht. (_____)

9. Er wird von der Polizei erschossen. (_____)

10. Neben diesen Figuren kommen Personen der Zeitgeschichte vor, so etwa Sigmund Freud, Henry Ford, J. P. Morgan und der Entfesselungskünstler Houdini. (_____)

Dritte Übung
Bitte analysieren Sie die folgenden Sätze. Handelt es sich um einen einfachen Satz, eine Satzreihe, einen zusammengezogenen Satz oder ein Satzgefüge?

1. E. L. Doctorow hat neben Romanen auch Kurzgeschichten geschrieben, so etwa die in dem Band *Sweet Land Stories* zusammengefassten Ausschnitte aus dem amerikanischen Leben. (_____)
2. Diese Geschichten zeigen, mit welcher Beharrlichkeit die Menschen auch unter widrigen Umständen ihr Glück suchen. (_____)
3. Allerdings werden Kurzgeschichten, selbst wenn sie noch so gut sind, in Deutschland nur wenig beachtet. (_____)
4. So werden selbst Meisterwerke übersehen, auch die großer Autoren. (_____)
5. Woody Allens „Das Zwischenspiel mit Kugelmass" etwa ist so ein Meisterwerk, das kaum jemand kennt. (_____)
6. Sidney Kugelmass, Literaturprofessor am City College New York, ist seine Ehe satt und sucht ein Abenteuer. (_____)
7. Als sein Analytiker ihm nicht mehr helfen kann, meldet sich ein Zauberer, der Große Persky. (_____)
8. Persky kann Menschen in Bücher hineinversetzen und bringt Kugelmass mit Emma Bovary zusammen. (_____)
9. Kugelmass und Emma erleben das, was sie sich beide gewünscht haben. (_____)
10. Zunächst besucht Kugelmass Emma regelmäßig in Yonville, dann kommt Emma nach New York. (_____)

11. Das Wochenende im Plaza Hotel ist ein einziges Fest; die Ernüchterung kommt erst am Montagmorgen. (_____)

12. Perskys Zaubertrick versagt. (_____)

13. Emma sitzt in New York fest und wird unleidlich. (_____)

14. Kugelmass will nur noch eins: sie loswerden. (_____)

15. Es gehen Wochen dahin, bis Perskys Trick endlich gelingt. (_____)

16. Kugelmass ist kuriert; nie wieder will er eine Affäre. (_____)

17. Drei Wochen später klingelt er an Perskys Tür. (_____)

18. Diesmal ist der Roman *Portnoys Beschwerden* sein Ziel, denn der verspricht Sex ohne Reue. (_____)

19. Persky gibt sein Bestes. (_____)

20. Doch der Trick geht schief und Kugelmass landet bei einem haarigen Verb in einer spanischen Grammatik. (_____)

Vierte Übung
Satzgefüge sind zwar komplex, aber sie sollen nicht kompliziert sein. Das werden sie, wenn zu viele Gedanken ineinander verschränkt werden. In den folgenden Beispielen ist das so; sie sind überladen, umständlich und unübersichtlich. Bitte machen Sie gute Sätze daraus.
   Ein Tipp zum Vorgehen: Markieren oder notieren Sie zunächst die einzelnen Informationseinheiten, denken Sie dann über eine sinnvolle Reihenfolge nach und testen Sie diese in verschiedenen Satzmustern. Lesen Sie sich die Ergebnisse laut vor und vergleichen Sie den Lesefluss.
   Diese Übung ist knifflig und kostet einige Mühe und Zeit; dafür schult sie Ihren Sinn für Sätze.

1. Die Kurzgeschichte, die sich im neunzehnten Jahrhundert in Amerika mit dem wachsenden Zeitschriftenmarkt, der Autoren gute Absatzmöglichkeiten bot, als Kunstform herausbildete, ist bei uns, weil sie als unausgegorener Roman gilt, nicht hoch angesehen.

2. Wer nicht genug Ideen für einen Roman habe, so denken viele, der müsse sich eben mit Kurzgeschichten begnügen, die aber immerhin den Vorteil hätten, dass sie schnell geschrieben seien.
3. Dass diese Ansicht, auch wenn sie noch so verbreitet ist, nichts mit der Wirklichkeit zu tun hat, zeigt sich deutlich, wenn man eine gute Kurzgeschichte liest und sieht, was sie mit sparsamsten Mitteln alles leistet.
4. Eine wesentliche Anforderung an die Kurzgeschichte, die bereits Edgar Allan Poe formuliert hat, ist, dass man sie, ohne dass man unterbricht, lesen kann, wobei auch noch wichtig ist, dass man, wenn man sie niederlegt, eine deutliche Wirkung verspürt.
5. Um diese Bedingungen zu erfüllen, muss der Autor zunächst einmal die richtige Szene sehen und diese Szene dann auch noch knapp, ohne dass er mit Nebensächlichkeiten ablenkt, zu einem Ende führen, das entweder offen bleibt oder aber eine Pointe enthält und somit dem Leser neue Gedanken eröffnet.

5 Attribute

Siehe auch *Deutsch fürs Studium,* Baustein 25

Ein Attribut ist eine Beifügung zu einem Substantiv (*die nächste Stunde*), einem Pronomen (*jeder von uns*), einem Adjektiv (*ein sehr guter Vortrag*) oder einem Adverb (*dienstags morgens*). Es ist so eng an sein Bezugselement gebunden, dass es nur mit diesem zusammen verschoben oder ersetzt werden kann. Das Attribut ist kein eigenständiges Satzglied, sondern Teil eines Satzglieds; rein grammatisch gesehen ist es nicht notwendig.

Attribute sind nicht immer so knapp und überschaubar wie in den Beispielen oben; sie können auch andere Formen annehmen. Sie können aus einer Nominalphrase bestehen (der Vortrag des Gastprofessors aus Spanien), aus einem (erweiterten) Infinitiv mit *zu* (das Ziel, sein Wissen zu vermitteln) oder aus einem Nebensatz (das Wissen, das er vermittelte). Sie können als Apposition auftreten (Professor Piep, ein berühmter Ornithologe). Und sie können erheblich ausgeweitet werden (das in einer groß angelegten und wegen des öffentlichen Interesses vom Ministerium geförderten Studie erlangte Wissen).

Attribute bringen beim Schreiben die folgenden Schwierigkeiten mit sich: Da sie nicht satztragend sind, werden sie oft achtlos behandelt. Man schaut nicht so genau hin. Das Ergebnis sind

Attribute, die nichts zum Inhalt beitragen. Dem gegenüber stehen Attribute, die viel zu viel Information enthalten und schon gar nicht mehr Attribut sein sollten. Das alles sind Gewichtsprobleme. Aufpassen muss man auch bei den Bezügen. Das gilt insbesondere für Appositionen.

Üben Sie nun, Ihre Attribute sowohl inhaltlich als auch grammatisch in eine gute Form zu bringen.

Übungen

Erste Übung
Bitte unterstreichen Sie die Attribute. Wenn Sie sich unsicher sind, ob es sich um ein Attribut handelt, machen Sie die Verschiebeprobe oder die Ersatzprobe.

1. Zurzeit wird überlegt, wie und wo man an der Bildung junger Menschen sparen kann.
2. Einige Politiker plädieren für Kürzungen der Hochschuletats; sie sind herzlich eingeladen zu einem Gaststudium.
3. Zum Auftakt könnte der Gaststudent sich auf einer langen Warteliste eintragen.
4. Vielleicht bekommt er auch noch einen Stehplatz in der hintersten Reihe.
5. Die Übungen, die er begleitend zu den Vorlesungen belegen soll, werden zuallererst zu einer Übung in Geduld.
6. So könnte der Gaststudent auf die Idee kommen, seine Studien doch lieber nach Hause zu verlagern.
7. Also geht er in die Bibliothek, um sich die notwendige Literatur zu besorgen.
8. Die ist ausgeliehen, aber immerhin kann er sich an dritter Stelle vormerken lassen.
9. Bis hierher ist der Studientag nicht gerade ein Höhepunkt der Exzellenzinitiative, doch er geht noch weiter.
10. Abends nämlich kümmert sich der Politiker ums Geld: Er fährt für die Pizzeria *Angelo* Pizza aus.

Zweite Übung
Attribute sind grammatisch nicht notwendig; also sollten sie zumindest inhaltlich etwas leisten. Wenn sie das nicht tun, sind sie überflüssig. Bitte streichen Sie in den folgenden Sätzen alle überflüssigen Attribute.

1. Als Pizzabote erlebt der Politiker erstmals, wie die andere Hälfte lebt, die ihm bis dahin unbekannt war.
2. Der Einsatz läuft gut an. Dabei hilft natürlich das elektronische Navigationsgerät im Dienstwagen.
3. Der ist übrigens ein kleines Zugeständnis an das fortgeschrittene Alter jenseits der fünfzig.
4. In Angelos klapprigen Kisten, die ziemlich alt sind, ist jedes Schlagloch im Rücken zu spüren.
5. Das birgt gefährliche Risiken fürs Rückgrat, und das will der Pizzabote schonen.
6. Die ersten drei telefonisch bestellten Pizzas liefert er ohne Probleme ab.
7. Geht doch, denkt er und zählt das Trinkgeld, das er bekommen hat.
8. Die vierte Lieferadresse, die er ansteuert, liegt im fünften Stock in einem Haus ohne Aufzug.
9. An der fünften Adresse gibt es Ärger, als er statt der fleischlosen vegetarischen Pizza eine *Diavolo* mit Wurst und Schinken abliefert.
10. Die Pizzeria soll bitte liefern, was sie verspricht, sagt die erboste Kundin, und das erinnert den Pizzaboten schmerzlich an die Politik.

Dritte Übung
Attribute werden zu einer Belastung beim Lesen, wenn sie allzu umfangreich und ihrem Bezugswort vorangestellt sind. Dann behindern sie nämlich die Informationsverarbeitung. In den folgenden Beispielen ist das so. Bitte lösen Sie die Attribute auf oder ändern Sie ihre Form. Dabei sind Sie nicht an den Rahmen des Satzes gebunden; allein die Information muss erhalten bleiben.

1. Die unter dem Sparzwang, den überstürzten Reformen und der Ziellosigkeit leidende Bildungspolitik muss neu ausgerichtet werden.
2. Die Probleme fangen bereits in der für viele Kinder kaum noch ohne Nachhilfe zu bewältigenden Schule an.
3. Für die mittlerweile nicht mehr nur Lücken in einem Fach ausgleichende, sondern in allen Fächern notwendige Nachhilfe geben Eltern in Deutschland 1,5 Milliarden Euro im Jahr aus.
4. So hat sich neben der Schule ein zweites, nicht überschaubares und in seiner Qualität kaum zu kontrollierendes Lernfeld entwickelt.
5. Viele Nachhilfeeinrichtungen arbeiten mit nicht pädagogisch geschulten und nur pro Unterrichtsstunde, nicht aber für die Vorbereitung bezahlten Honorarkräften.

6. Ausgerechnet diese wegen mangelnder Qualifikation und schlechter Arbeitsbedingungen frustrierten Honorarkräfte sollen die Kinder motivieren.
7. Neben diesem mit gutem Willen auf Seiten der Nachhilfeeinrichtungen lösbaren Problem gibt es noch ein soziales Problem: Die Kinder gering verdienender Eltern sind ausgeschlossen.
8. Diese wegen mangelnder Mittel allein auf den schulischen Unterricht angewiesenen Kinder sind zu schlechten Noten oder gar zum Sitzenbleiben verurteilt.
9. Das bei Kindern nicht automatisch zu einer Leistungssteigerung führende Sitzenbleiben verursacht bundesweit Ausgaben von einer Milliarde Euro pro Jahr.
10. Dieses mit unwirksamen Methoden arbeitende und das Potenzial der Kinder ignorierende Bildungssystem kann sich die Gesellschaft nicht länger leisten.

Vierte Übung
Appositionen sind substantivische Attribute, die im Kasus mit ihrem Bezugswort übereinstimmen. Sie sehen so aus:
Das ist mein Tutor [Nominativ], *ein Türke*.
Das ist die Idee meines Tutors [Genitiv], *eines Türken*.
Die Idee stammt von meinem Tutor [Dativ], *einem Türken*.
Ich frage meinen Tutor [Akkusativ], *einen Türken*.
Die Übereinstimmung im Kasus wird oft nicht beachtet. In den folgenden Sätzen muss sie noch hergestellt werden. Bitte passen Sie die Angaben, die in Klammern stehen, an ihr jeweiliges Bezugswort an.

1. Für Donnerstag, [der 17. Mai] _____

   _____, hat der AStA zum Streik aufgerufen.

2. Das kommt mir ungelegen, denn am Freitag, [der Tag danach] _____

   _____, will ich mit meinem Betreuer, [Herr Professor Dorn] _____

   _____, über meine Abschlussarbeit reden.

3. Ich möchte über T. C. Boyle schreiben, [ein zeitgenössischer amerikanischer Schriftsteller] _____.

4. Sein jüngstes Werk, [der Roman *The Women*] _____
_____, ist eine fiktionalisierte Lebensgeschichte.

5. Sie handelt von Frank Lloyd Wright, [der herausragende Architekt der Moderne] _____.

6. Wright ist der Mittelpunkt; um ihn herum dreht sich ein Kreis von Frauen und Schülern, [ihm ergebene Menschen] _____
_____.

7. Was die Frauen angeht, so sieht man Ähnlichkeiten mit Picasso, [ein anderes Genie mit magischer Anziehungskraft] _____
_____.

8. Ein Großteil des Romans spielt in Taliesin, [sein Haus in der Prärie] ___
_____.

9. Die Erzählperspektive ist die Sicht des japanischen Architekten Sato Tadashi, [ein ehemaliger Schüler] _____
_____.

10. Gerade dessen Zurückhaltung wirft ein besonderes Licht auf Wright, [der Frauenheld] _____.

6 Aktiv und Passiv

Siehe auch *Deutsch fürs Studium,* Baustein 10

Aktiv und Passiv sind die Handlungsrichtungen des Verbs. Das Aktiv, die Tatform, ist dem Täter zugewandt: *Elke übersetzt einen Aufsatz ins Deutsche.* Das Passiv, die Leideform, ist vom Täter abgewandt. Es tritt in zwei Formen auf: als Vorgangspassiv und als Zustandspassiv. Das Vorgangspassiv wird mit dem Hilfsverb *werden* gebildet: *Der Aufsatz wird (von Elke) ins Deutsche über-*

setzt. Das Zustandspassiv wird mit dem Hilfsverb *sein* gebildet: *Der Aufsatz ist ins Deutsche übersetzt*.

Das Aktiv ist die Normalform. Es gibt an, wer was tut. Es gilt uneingeschränkt für alle Verben. Beim Passiv dagegen gibt es Einschränkungen. Verben, die kein Akkusativobjekt mit sich führen, sind in der Regel nicht passivfähig. Nehmen Sie als Beispielsatz: *Die Menschen jubeln*. Hier fehlt das Objekt, das im Passivsatz die Subjektrolle übernehmen könnte; also ist ein persönliches Passiv nicht möglich. Was wohl geht, ist die unpersönliche Variante mit *es*: *Es wird gejubelt*. Das *es* beim unpersönlichen Passiv hat keinen Inhalt, sondern nur eine Platzhalterfunktion. Es entfällt, sobald das Vorfeld durch eine andere Angabe besetzt wird: *Beim ersten Tor wird gejubelt*.

Wo Aktiv und Passiv zur Verfügung stehen, können Sie die grammatischen Rollen neu verteilen und damit den Blickwinkel ändern. Was im Aktivsatz Subjekt ist, wird im Passivsatz zu einer Präpositionalphrase oder aber ganz weggelassen. Was im Aktivsatz Objekt ist, wird im Passivsatz zum Subjekt. So werden Sätze mit gleichem Informationsgehalt doch unterschiedlich gelesen. Bitte vergleichen Sie:

1. *Elke übersetzt den Aufsatz*. Dann widmet sie sich wieder ihrer Abschlussarbeit.
2. *Der Aufsatz wird von Elke übersetzt*, nicht von Frieda.
3. *Der Aufsatz wird übersetzt*, müsste also bald auf Deutsch vorliegen.

Im ersten Beispiel – mit Elke als Subjekt – geht es darum, was Elke alles tut. Im zweiten Beispiel – mit Elke in der Präpositionalphrase – wird der Kontrast hervorgehoben. Im dritten Beispiel – ohne Elke – geht es allein um den Aufsatz. Wer ihn übersetzt, das ist ohne Belang und wird deshalb gar nicht ausgeführt. Schon wegen dieser feinen Bedeutungsverschiebungen lohnt es sich, mit Aktiv *und* Passiv zu arbeiten.

Der Umgang mit dem Passiv ist in vielen Texten, gerade auch in studentischen Arbeiten, etwas gequält. Es wird nämlich nicht nur hier und da und mit gutem Grund benutzt, sondern durchgängig als Vermeidungsstrategie: Es soll den Handelnden – oft das *ich* oder *wir* – komplett aus dem Text heraushalten. In dieser Mission wirkt das Passiv umständlich und gestelzt; viel natürlicher und unauffälliger wäre ein bescheidenes *ich* mit dem Verb im Aktiv.

Üben Sie nun, das Passiv zu erkennen und korrekt zu bilden. Vergleichen Sie, wie Aktiv und Passiv Informationen unterschiedlich vermitteln. Überlegen Sie bei Ihren eigenen Texten, was Sie mit Aktiv und Passiv hervorheben oder zurücknehmen können. Wenn Sie das beachten, haben Sie ein vorzügliches Steuerungsmittel.

Übungen

Erste Übung
Bitte unterstreichen Sie in den folgenden Sätzen die Prädikate und geben Sie an, ob sie im Aktiv oder im Passiv stehen. Denken Sie daran, dass in komplexen Sätzen mehrere Prädikate vorkommen.

Teil 1

1. Unser Seminar hat erst mit einer Woche Verspätung angefangen.
   (_____)

2. Gleich in der ersten Stunde wurden die Themen verteilt.
   (_____)

3. Wir hatten keinen blassen Schimmer (_____) und mussten uns dennoch entscheiden. (_____)

4. Eine allgemeine Einführung wäre sehr hilfreich gewesen.
   (_____)

5. Als die Professorin darauf angesprochen wurde (_____), sagte sie (_____), wir könnten doch alle lesen.
   (_____)

6. Schon in der zweiten Stunde wurde das erste Referat vorgetragen.
   (_____)

7. Die Kommilitonin hatte viel gelesen (_____), das merkte man. (_____)

8. Dennoch konnte niemand so recht folgen. (_____)

9. Also waren auch unsere Fragen konfus. (_____)

10. Dadurch wurde die Kommilitonin verunsichert (_____),
und am Ende herrschte Chaos. (_____)

Teil 2

1. Dieser Aufsatz ist aufschlussreich. (_____)
2. Er ist aus dem Englischen übersetzt. (_____)
3. Er handelt von den autobiographischen Elementen im Spätwerk des Autors. (_____)
4. Allerdings ist der Begriff des Autobiographischen sehr weit gefasst. (_____)
5. Die Übersetzung ist nicht kritisch überarbeitet. (_____)
6. Sie enthält einige Fehler und Unklarheiten. (_____)
7. Ich werde diese Stellen im Original überprüfen. (_____)
8. Nur muss ich das Original erst über Fernleihe bestellen. (_____)
9. Das wird ein paar Tage dauern. (_____)
10. In der Zwischenzeit lese ich eine Biographie (_____), die erst letztes Jahr veröffentlicht wurde. (_____)

Zweite Übung

In den folgenden Sätzen stehen die Prädikate im Aktiv. Beispiel: *Gestern besuchte uns ein Gastprofessor.* Bitte bilden Sie die entsprechenden Passivkonstruktionen. Beispiel: *Gestern wurden wir von einem Gastprofessor besucht.* Dabei können Sie auch sonst kleine Veränderungen vornehmen. Wundern Sie sich nicht, wenn die Sätze im Passiv nicht mehr so gut zusammenpassen. Wegen der Bedeutungsverschiebungen wird der rote Faden nicht überall zu erkennen sein.

Teil 1
1. Gestern sprach uns vor der FH eine Radioreporterin an.
2. Sie fragte uns nach unserem Freizeitverhalten.

3. Ich betreue Hunde aus dem Tierheim.
4. Hannah lädt ihre Freunde zum Essen ein.
5. Ida erkundet die Gegend mit dem Fahrrad.
6. Letztes Wochenende führte sie eine Gruppe in den Rheingau.
7. Unterwegs verursachte ein Teilnehmer einen Unfall.
8. Er hatte einen kleinen Seitenweg übersehen.
9. Beim Bremsen behinderte er die Frau, die hinter ihm fuhr.
10. Sie stürzte und beschädigte dabei ihre Brille.
11. Das verdarb ihr gründlich die Laune.
12. Sie fluchte und lamentierte, bis Ida sie schließlich daran erinnerte, dass die Versicherung den Schaden übernehme.

Teil 2
1. Die Radioreporterin wird das Tierheim besuchen.
2. Sie sagt, der Sender werde ihr wohl eine Reportage abnehmen.
3. Das ist gut, denn eine Reportage bringt den Tierschutz an die Öffentlichkeit.
4. Das Tierheim nimmt grundsätzlich alle Tiere auf, die jemand abgibt.
5. Das nutzen manche Menschen auch aus.
6. Das Katzenhaus beherbergt zurzeit um die fünfzig Katzen.
7. Gerade gestern hat jemand ein Kätzchen an einer viel befahrenen Straße gefunden.
8. Niemand scheint das Tier zu vermissen.
9. Das Tierheim benötigt Spenden für den Anbau am Hundehaus.
10. Viele Ehrenamtliche unterstützen das Projekt.

Dritte Übung
In den folgenden Sätzen stehen die Prädikate im Passiv. Beispiel: *In dieser Arbeit wird das Projekt xyz vorgestellt.* Bitte bilden Sie die entsprechenden Aktivkonstruktionen. Beispiel: *In dieser Arbeit stelle ich das Projekt xyz vor.* In manchen Sätzen können Sie wählen, wen Sie zum Subjekt machen.

Teil 1
1. In dieser Arbeit wird untersucht, wie Kinder für den Tierschutz begeistert werden können.
2. Dazu sind Mitglieder einer Tierschutz-AG an einer Gesamtschule befragt worden.

3. Dort wurde der Tierschutz vor Jahren von einer engagierten Lehrerin als Unterrichtsthema eingeführt.
4. Die AG jedoch wurde von Schülern gegründet.
5. Im ersten Teil der Arbeit wird der Frage nachgegangen, wie Tierschutz kindgerecht aufbereitet werden kann.
6. Hier werden unter anderem die Inkonsequenzen in der Logik der Erwachsenen behandelt.
7. Die werden von Kindern zu Recht angeprangert.
8. Wenn zu Hause jeden Tag Fleisch und Wurst serviert werden, haben Eltern mit ihrem Tierschutz einen schweren Stand.
9. Ebenso wird es ihnen angekreidet, wenn Eier und Milchprodukte aus Massentierhaltung gekauft werden.
10. Viele Zusammenhänge werden von Kindern weitaus konkreter gesehen als von Erwachsenen.

Teil 2
1. Im zweiten Teil der Arbeit wird untersucht, wie der Tierschutzgedanke von Kindern weitergetragen wird.
2. In der AG werden dazu unterschiedliche Wege beschritten.
3. Es werden regelmäßig Aktionen veranstaltet, und zwar auf dem Schulhof und im Ort.
4. Diese Aktionen werden mittlerweile von den Bürgern sehr gut angenommen.
5. Da das Internet von den Kindern als Selbstverständlichkeit betrachtet wird, wird von der AG auch eine Website betrieben.
6. Die Gestaltung und Pflege der Website wird von zwei Jugendlichen besorgt.
7. Die Inhalte jedoch werden von allen zusammengetragen.
8. Damit der direkte Umgang mit Tieren nicht vernachlässigt wird, werden auch Dienste im Tierheim geleistet.
9. So wird jedes Kind entsprechend seinen Talenten, seinen Vorlieben und seiner Neugier gefördert.
10. Im letzten Kapitel wird überlegt, wie ein solches Modell auf andere Schulen übertragen werden kann.

7 Fallstrick # 1: Kongruenz

Kongruenz bedeutet, dass die Teile, die zusammengehören, auch formal aufeinander abgestimmt sind. Die Abstimmung betrifft die Kategorien Numerus, Person, Genus und Kasus. Kongruenz ist ein Mittel zur syntaktischen Strukturierung des Satzes. Sie wenden dieses Mittel ständig an, etwa wenn Sie ein Adjektiv an ein Nomen anpassen oder wenn Sie einem Subjekt im Singular ein Prädikat im Singular zur Seite stellen.

Siehe Baustein 5

Die regelmäßige Anwendung der Kongruenz braucht hier nicht geübt zu werden; es geht auch nicht um die vielen Einzelregeln und Spitzfindigkeiten. Interessant sind vielmehr die Fälle, in denen die Kongruenz immer wieder Fragen aufwirft. Das tut sie etwa bei mehrteiligen Subjekten (*du und ich gehen*) oder bei Subjekten mit Mengenangaben (*die Hälfte der Studierenden geht*). Die Kongruenz im Genus bereitet hauptsächlich bei Personenbezeichnungen Schwierigkeiten (*Angela Merkel ist der achte Bundeskanzler*). Die Kongruenz im Kasus wird besonders bei Appositionen auffällig und bei Wortgruppen mit *wie* und *als* (*mich als Letzte hatten sie übersehen*).

Die folgenden Übungen sollen Sie vor allem dazu bringen, verstärkt auf die Bezüge zu achten. Damit ist Ihnen schon einmal ein gutes Stück weit geholfen. Was dann noch an Zweifelsfällen aufkommt, können Sie nachschlagen. Oder Sie weichen aus auf eine eindeutige Formulierung. Das ist oft die beste Lösung. Denn wenn eine Konstruktion, selbst eine nachweislich richtige, in Ihren Ohren sonderbar klingt, wird sie für den Leser einen ähnlichen Klang haben. Sie wirkt störend, und das sollten Sie vermeiden. Also üben Sie das Umformulieren gleich mit.

Übungen

Erste Übung

In dieser Übung geht es um die Kongruenz zwischen Subjekt und Prädikat. Hier müssen Person und Numerus zueinander passen. Um diese Regel einzuhalten, muss man bei manchen Subjekten sehr genau hinschauen. Besteht ein Subjekt aus mehreren selbstständigen Teilen, so gilt das als Reihung, und die erfordert einen Plural im Prädikat. Bitte betätigen Sie sich als Korrekturleser und markieren Sie in den folgenden Sätzen die Kongruenzfehler.

1. Die Art und Weise, wie Politiker miteinander umgehen, ist nicht immer vorbildlich.

2. Seine Art und sein herrischer Ton kommen bei den Wählern nicht gut an.
3. Seine Art, andere bloßzustellen und schlechtzumachen, haben ihn viele Stimmen gekostet.
4. Liebe und Leidenschaft für unsere Arbeit sind unsere Motivation. Individuelle Herausforderungen anzunehmen sind unsere Spezialität.
5. Unser Chefkoch und sein Team verführt Sie mit Delikatessen der Saison.
6. Dass die Kündigung der Versorgung und die Anmeldung zur Netznutzung getrennt erfolgen muss, ergibt sich aus den Vorgaben der Bundesnetzagentur.
7. Die Stromversorgung wird erst dann wiederhergestellt, wenn die Sperrkostenpauschale sowie die Entsperrkosten bar auf das Konto des Energieversorgers eingezahlt wird.
8. Sowohl die Finanzierung als auch der Zeitplan muss noch besprochen werden.
9. Du und ich sollten das unter uns ausmachen.
10. Jedes Angebot und jede Bewerbung landen auf seinem Schreibtisch.

Zweite Übung
Die folgenden Sätze enthalten Mengenangaben (*die Mehrzahl*) mit Attribut (*der Studierenden*) – und Lücken für die Prädikate. Grundsätzlich bestimmt die Mengenangabe, nicht das Attribut, ob das Prädikat im Singular oder im Plural steht: *Die Mehrzahl der Studierenden ist für einen Streik.* Abweichend von dieser Grundregel wird aber manchmal auch nach dem Sinn entschieden. Wenn man das Augenmerk mehr auf die in der Sammelbezeichnung enthaltenen Einheiten lenken will, kann man das Prädikat in den Plural setzen: *Eine große Anzahl Studierende protestierten lautstark für ihre Rechte.* Bitte halten Sie jedoch besonders die Grundregel im Auge. Das können Sie nun üben, indem Sie aus den eingeklammerten Verben passende Prädikate bilden.

1. Gestern Mittag [stehen] _____ an der Bushaltestelle eine Gruppe junger Leute.

2. Der Presslufthammer ratterte und es [herrschen] _____ 34 Grad Hitze.

3. Die Hälfte der Jugendlichen [plädieren] _____ dafür, ins Schwimmbad zu gehen.

4. Drei viertel Stunden im Bus [sein] _____ nicht auszuhalten, meinten einige.

5. Achtzig Prozent der Belegschaft [sein] _____ mit dem Essen in der Kantine zufrieden.

6. Nur ein Prozent der Beschäftigten [finden] _____ das Essen schlecht.

7. Ein Kilo Kartoffeln [reichen] _____ nicht, wenn alle zum Essen kommen.

8. Zwei Kilo Tofu dagegen [sein] _____ auf jeden Fall zu viel.

9. Professor Fisch publiziert sehr viel. Eine Reihe seiner Aufsätze [haben] _____ in Fachkreisen für Aufruhr gesorgt.

10. Ein Großteil aller geisteswissenschaftlichen Publikationen [finden] _____ nur einen sehr kleinen Leserkreis.

Dritte Übung
In dieser Übung geht es um die Kongruenz im Genus bei Personenbezeichnungen. Grundsätzlich stimmt hier das grammatische Geschlecht mit dem persönlichen Geschlecht überein, aber eben nicht immer. Schwierig wird es vor allem dann, wenn Männer *und* Frauen im Spiel sind. Solche Holprigkeiten erleben Sie in den folgenden Sätzen; sie sind nicht alle richtig und eindeutig. Bitte prüfen Sie die Sätze, hinterfragen Sie auch die Inhalte und verbessern Sie alles, was falsch oder missverständlich ist.

1. Das Mädchen läuft auf die Straße, um seinen Ball zu holen.
2. Das Mädchen weint, weil sie sich verletzt hat.
3. Frau Gans ist die erste Lehrerin an dieser Schule, die sich für den Tierschutz einsetzt.
4. Angela Merkel ist die achte Bundeskanzlerin der Bundesrepublik Deutschland.
5. Wir suchen eine/n Assistent/in der Geschäftsleitung.
6. Im Dekanat ist die Stelle eines(r) Sachbearbeiter(s)in neu zu besetzen.

7. Nicht jede/r hat das Glück, einen Arbeitsplatz an seinem Wohnort zu finden.
8. Die Frage der Bezahlung trifft jeden einzelnen Praktikanten oder Praktikantin.
9. Hanne Hase ist Professor an der Universität Göttingen.
10. Sehr geehrte Frau Professor Hase, zunächst einmal vielen Dank für das Gespräch.

Vierte Übung
Die Kongruenz im Kasus betrifft Nomen und ihre Begleitwörter; die müssen im gleichen Fall stehen. Die Grundregel ist einfach, ihre Anwendung zuweilen schwierig. Das gilt insbesondere für Appositionen (siehe Baustein 5, vierte Übung) und für Nominalphrasen, die mit *als* oder *wie* angeschlossen werden. So sind denn auch die folgenden Sätze zum Teil fehlerhaft oder missverständlich. Bitte prüfen Sie die Sätze sehr genau und achten Sie dabei auch auf den Sinn. Verbessern Sie die Fehler und Schwachstellen.

1. Julia hat Jürgen in den neunziger Jahren als engagierten Student kennen gelernt.
2. Julian hat Jürgen als Student kennen gelernt.
3. Schon als Student machte Jürgen Musik.
4. Jürgen hatte ebenso wie Kurt, sein Mitbewohner, Ärger mit Herrn Fies, der Vermieter.
5. Der behandelte Jürgen wie ein Verbrecher, nur weil er das Treppenhaus nicht putzte.
6. Jürgen als alter Stoiker konnte das nichts anhaben.
7. Das brauche ich dir als seine Freundin nicht zu erzählen.
8. Hast du Herrn Kaufmann als Verantwortlichen über den Vorfall informiert?
9. Ihm als altem Jurist kam das spanisch vor.
10. Einen Witzbold wie dich gibt es kein zweites Mal.

8 | Fallstrick # 2: Satzklammer

Die Satzklammer ist eine Besonderheit des deutschen Satzbaus. Sie prägt die Struktur des Satzes und bestimmt, wie er gelesen wird. Deshalb ist es so wichtig, dass Sie *erkennen*, wie Sie Ihre Klammern setzen.

Siehe auch *Deutsch fürs Studium*, Bausteine 21 und 29

Hier sind die Grundlagen: Dreh- und Angelpunkt eines Satzes ist das Prädikat, denn das sagt aus, was geschieht. Das Prädikat kann einteilig sein (*es regnet*), aber auch mehrteilig (*es hat geregnet* oder *es soll morgen regnen*). Bei mehrteiligen Prädikaten stehen die einzelnen Teile nicht unbedingt zusammen; es können Satzglieder dazwischentreten (so wie das Adverbial *morgen* im letzten Beispiel). Diese Satzglieder werden von den Teilen des Prädikats regelrecht eingeklammert. Das ist die Satzklammer.

In Nebensätzen sieht die Satzklammer etwas anders aus. Hier besteht sie aus dem Einleitewort am Anfang und dem Prädikat am Ende: *Er sagt, <u>dass</u> es morgen <u>regnen wird</u>.*

Die Satzklammer an sich ist kein Problem; problematisch wird sie erst durch den Umfang des Feldes, das sie einschließt. Das ist das so genannte *Mittelfeld*, und das kann beliebig groß sein. Hier ein Beispiel: *Es <u>hat</u> gestern von früh morgens, als ich aufgestanden bin, bis spät abends, als ich vom Sport nach Hause gefahren bin, in Strömen <u>geregnet</u>.* Das Mittelfeld besteht aus einundzwanzig Wörtern. Das heißt: Der Leser muss vom ersten Teil des Prädikats an einundzwanzig Wörter lang warten, bis sich ihm der Inhalt erschließt. Das ist eine lange Durststrecke, und die sollten Sie dem Leser nicht zumuten.

Es gibt mehrere Möglichkeiten, solche überspannten Satzklammern zu vermeiden. Sie können Information aus dem Mittelfeld herausnehmen und hinter die rechte Klammer in das *Nachfeld* stellen. Das wäre eine *Ausklammerung*. Im Beispielsatz könnte sie so aussehen: *Es <u>hat</u> gestern den ganzen Tag in Strömen <u>geregnet</u>, von früh morgens, als ich aufgestanden bin, bis spät abends, als ich vom Sport nach Hause gefahren bin.* Kommt die Satzklammer durch ein trennbares Verb zustande (*er <u>leitet</u> seinen Aufsatz <u>ein</u>*), so können Sie versuchen, auf ein untrennbares Verb auszuweichen (*er <u>eröffnet</u> seinen Aufsatz*). Ansonsten sind Sie vielleicht am besten bedient, wenn Sie sich ganz vom Satz lösen und die Information neu ordnen.

Üben Sie nun, Satzklammern zu entspannen. Ziel ist es, den Leser ohne große Wartezeit an die Aussage heranzuführen.

Übungen

Erste Übung
In den folgenden Sätzen sind trennbare Verben für die Satzklammern verantwortlich. Das sind Verben mit einem Verbzusatz, der bei der Beugung vom Verb getrennt wird. Zum Beispiel: *abwarten* → *sie <u>wartet</u> die Ergebnisse <u>ab</u>*. Die Klammern umschließen ein viel zu großes Mittelfeld. Bitte ändern Sie das. Wie, das bleibt Ihnen überlassen. Sie können das Verb austauschen, Informationen aus dem Mittelfeld ausklammern oder aus einem Satz mehrere Sätze machen.

1. Auch in diesem Semester legt die Hochschule ihre seit vielen Jahren erfolgreiche Vortragsreihe mit prominenten Gastrednern aus Wirtschaft, Politik und Kultur wieder auf.
2. Sie zeichnen sich durch ausgeprägte Führungseigenschaften, diplomatisches Geschick und einen ungetrübten Blick für Wesentliches aus.
3. Für dieses Projekt setzt der Betrieb ausschließlich Praktikanten mit herausragenden Leistungen und dem Ziel, ihre Abschlussarbeit über betriebliche Themen zu schreiben, ein.
4. Wir machen nur unter der Bedingung, dass wir unseren Part vor der Drucklegung prüfen und gegebenenfalls notwendige Korrekturen und Veränderungen durchführen können, bei der Veröffentlichung mit.
5. Im ersten Kapitel seiner Studie über *Die Früchte des Zorns* stellt der Autor die Familie Joad, insbesondere die starke und entschlossene Mutter und den ihr sehr verbundenen Sohn Tom, in ihrer von Staubstürmen und Missernten geplagten Heimat in Oklahoma vor.
6. Der Autor zeichnet Toms Entwicklung von einem hitzigen, auf sich selbst fixierten jungen Mann zu einem sozial verantwortlichen, weit über sich selbst hinausdenkenden Menschen nach.
7. Bevor John Steinbeck diesen Roman schrieb, nahm er 1936 als Journalist im Auftrag der Zeitung *San Francisco News* zusammen mit einem Fotografen an einem Treck von Wanderarbeitern aus Oklahoma teil.
8. Insbesondere in den Zwischenkapiteln spricht Steinbeck sich deutlich gegen das Durchsetzen individueller Interessen auf Kosten anderer und für das solidarische Miteinander zum Wohle der Masse aus.
9. Die Großgrundbesitzer in Kalifornien beuten die Wanderarbeiter, die wegen Hunger, Schwäche und Verzweiflung keine Wahl mehr haben, zu einem Hungerlohn als Streikbrecher aus.

10. Mutter Joad gibt auch am Ende des Romans, als Tom auf der Flucht ist, Rose ein totes Kind geboren hat und großer Regen das Land überschwemmt, die Hoffnung nicht auf.

Zweite Übung
In den folgenden Sätzen enthalten die Prädikate Hilfsverben, Modalverben oder Kopulaverben. So besteht die linke Klammer aus dem gebeugten Verb, die rechte Klammer aus dem Partizip, dem Infinitiv oder dem nicht verbalen Bestandteil. Das sieht so aus: *Ich habe das Buch gelesen*. Oder so: *Ich will das Buch lesen*. Oder so: *Das Buch ist seit Monaten ein Bestseller*. Sämtliche Klammern sind überspannt. Bitte ändern Sie das. Sie können ruhig auch neue Sätze bilden und ergänzende Angaben einfügen; nur der Inhalt muss erhalten bleiben.

1. In der Schlussszene des Romans *Die Früchte des Zorns* lässt Rose, die gerade ein totes Kind geboren hat und sich selbst kaum auf den Beinen halten kann, einen verhungernden Wanderarbeiter an ihrer Brust trinken.
2. Der Roman wurde 1940 von Regisseur John Ford mit Henry Fonda als Tom Joad und Jane Darwell als Mutter Joad verfilmt.
3. In der letzten Stunde haben wir ein Referat über das Kain-und-Abel-Motiv in der Beziehung der Zwillingsbrüder Caleb und Aron in John Steinbecks Roman *Jenseits von Eden* gehört.
4. Durch diesen Blickwinkel wurden zwei prägende Figuren, nämlich Lee, der weise Diener der Familie Trask, und Cathy Ames, die gefühlskalte Mutter der Zwillinge, überhaupt nicht beachtet.
5. In der nächsten Stunde werden wir über Steinbecks 1945 erschienenen Roman *Cannery Row*, ins Deutsche übertragen als *Die Straße der Ölsardinen*, reden.
6. Dieser Roman war wegen seiner schillernden Figuren, seiner positiven Grundstimmung und vielleicht auch wegen seines genialen ersten Satzes – „Die Straße der Ölsardinen ist mehr als nur eine Straße, es ist die Gegend der Ölsardinen und Konservenbüchsen, ist ein Gestank und ein Gedicht, ein Knirschen und Knarren, ein Leuchten und Tönen, ist eine schlechte Angewohnheit von Jugend auf, mein Traum" – von Anfang an ein Publikumserfolg.
7. Wir werden unserem Professor für das nächste Wintersemester ein Seminar über das Bild Kaliforniens in den Romanen zeitgenössischer amerikanischer Autoren, auch populärer Krimi-Autoren wie etwa Jonathan Kellerman und Sue Grafton, vorschlagen.

8. Jonathan Kellerman lässt seine Kriminalromane mit dem bulligen Lieutenant Milo Sturgis und dem psychologischen Berater Dr. Alex Delaware in der Metropole L.A., die den Menschen einen täglichen Kampf abverlangt, spielen.
9. Sue Graftons Romane sind im beschaulicheren Santa Teresa, was lediglich ein anderer Name für das rund hundertvierzig Kilometer nördlich von L.A. gelegene Santa Barbara ist, angesiedelt.
10. Wir könnten in dem Seminar die literarischen Darstellungen mit den aktuellen politischen und sozialen Gegebenheiten einerseits und der nach wie vor – auch bei uns – verbreiteten Vorstellung von Kalifornien als Traumland andererseits vergleichen.

Dritte Übung
Hier geht es um die Satzklammer in Nebensätzen. Die linke Klammer besteht aus dem Einleitewort, die rechte Klammer aus dem Prädikat. Das sieht so aus: *Ich bleibe zu Hause, weil ich das Buch lesen will*. Die Aussage kommt erst zum Schluss. In den folgenden Sätzen ist der Weg dorthin zu lang. Bitte ändern Sie das. Bilden Sie ruhig auch neue Sätze und fügen Sie bei Bedarf ergänzende Angaben ein; nur der Inhalt muss erhalten bleiben.

1. Viele Studierende beschränken sich auf ihr Pflichtprogramm, weil sie das Zusatzangebot der Hochschulen aufgrund ihrer engen Stundenpläne und der Notwendigkeit, sich ihr Studium selbst zu finanzieren oder zumindest zur Finanzierung beizutragen, nicht nutzen können.
2. Die meisten Erstsemester haben Angst, dass sie, wenn sie etwas Freiwilliges tun, etwas Notwendiges verpassen.
3. Zum Zusatzangebot gehören vielfach auch Schreibseminare, weil die Fähigkeit, gute Texte zu schreiben, abgesehen von der persönlichen Befriedigung, die man daraus gewinnt, auch über den beruflichen Aufstieg entscheiden kann.
4. In höheren Positionen ist das Schreiben eine Schlüsselkompetenz, weil es eine sachgerechte Abwicklung komplexer Vorgänge, eine transparente Mitarbeiterführung, eine klare interne Positionierung und eine vorteilhafte Darstellung nach außen ermöglicht.
5. Unzureichende Schreibkompetenz kann dazu führen, dass an sich einfache Vorgänge mit großem Zeit-, Personal- und Kostenaufwand über mehrere Schreibtische, oft genug auch über den des Vorstands, laufen.

6. Mittlerweile lassen viele Betriebe die Mitarbeiter in Schlüsselpositionen im Schreiben schulen, damit sie schwierige Kundenkorrespondenz wie etwa Beschwerden im Sinne des Unternehmens, also zügig und kundenerhaltend, erledigen können.
7. Deshalb kann man Studierenden nur empfehlen, dass sie nicht nur im Hinblick auf ihre Abschlussarbeiten, sondern auch und vor allem im Hinblick auf Bewerbungsvorteile und das erfolgreiche Gestalten des beruflichen Alltags ihre Schreibfertigkeiten fördern.
8. Viele Berufstätige wissen, dass sie selbst in Positionen, die früher einmal nach lebenslänglich aussahen, ohne kontinuierliches Lernen keine Sicherheit und erst recht keine Aussichten auf Aufstieg und die damit verbundenen Annehmlichkeiten haben.
9. Ein neuer berufsbegleitender Masterstudiengang richtet sich an Berufstätige, die in der Kombination von Präsenzphasen, E-Learning und Selbstlernphasen ihre beruflichen Aufgaben mit wissenschaftlichen Grundlagen der Geschäftsfeld- und Unternehmensentwicklung untermauern möchten.
10. Wir hatten nicht damit gerechnet, dass unser Projekt, dessen Schwachstellen nicht von der Hand zu weisen sind, aber dessen Vorteile eindeutig überwiegen, von der Hochschulleitung abgelehnt würde.

9 Fallstrick # 3: Verhältnis Hauptsatz – Nebensatz

Mehr Hintergrund finden Sie in Deutsch fürs Studium, Baustein 26

Wie Hauptsatz und Nebensatz grammatisch zu verstehen sind, das können Sie in Baustein 3 lesen. Hier geht es um etwas anderes: um die inhaltliche Auslastung.

Ein Hauptsatz ist von der Grammatik her ein Satz, der keinem anderen Satz untergeordnet ist; ein Nebensatz ist ein abhängiger Satz. Demnach ist der Hauptsatz wichtiger als der Nebensatz. Vom Inhalt her wird dieses Verhältnis öfter einmal auf den Kopf gestellt: Es werden Hauptsätze gebildet, die nichts sagen, und Nebensätze, die das volle Gewicht der Aussage tragen. Das sieht dann so aus: *Ich stelle hiermit fest, dass man Hauptsätze ohne Gehalt nicht schreiben sollte.* Grammatisch ist dieser Satz richtig; stilistisch ist er schlecht, denn er verletzt das Ökonomieprinzip. Man könnte nämlich ohne Verlust den Hauptsatz weglassen und den dass-Satz in einen Hauptsatz umwandeln: *Hauptsätze ohne Gehalt sollte man nicht schreiben.* Alternativ könnte man den Hauptsatz zur Regieanweisung machen und den Nebensatz als Hauptsatz folgen lassen. Dann hätte man eine Satzreihe: *Ich stelle also fest: Hauptsätze ohne Gehalt sollte man nicht schreiben.* Auf jeden Fall gehört das Wesentliche in einen Hauptsatz.

Ein weiteres typisches Missverhältnis zwischen Hauptsatz und Nebensatz entsteht durch Relativsätze. Die sind eigentlich dazu da, ihr Bezugswort näher zu bestimmen. Zum Beispiel: *Er las das Buch, das der Professor ihm empfohlen hatte.* Manchmal allerdings werden sie missbraucht, um eine eigenständige Handlung auszudrücken. Zum Beispiel: *Er las das Buch, das er in einer Besprechung verriss.* Im ersten Beispiel identifiziert der Relativsatz ein bestimmtes Buch in der Menge der Bücher. So soll es sein. Im zweiten Beispiel sagt der Relativsatz, was das Subjekt nach dem Lesen sonst noch tut. So machen Sie es besser nicht. Wenn Sie zwei Handlungen haben, bilden Sie zwei eigenständige Sätze beziehungsweise einen zusammengezogenen Satz: *Er las das Buch und verriss es in einer Besprechung.*

Üben Sie nun, Hauptsätzen und Nebensätzen ein angemessenes Gewicht zu geben.

Übungen

Erste Übung
Die folgenden Sätze sind unausgewogen: Den Hauptsätzen fehlt es an Inhalt; die Nebensätze haben zu viel davon. Bitte ändern Sie das.

1. Sehr geehrter Herr Professor Ludwig, hiermit teile ich Ihnen mit, dass ich an Ihrer Veranstaltung nicht weiter teilnehmen kann.
2. Ich denke, dass im nächsten Semester mein Stundenplan etwas günstiger ausfällt, sodass ich dann Ihren Kurs belegen kann.
3. Dabei ist allerdings anzumerken, dass das Angebot unseres Fachbereichs dringend entzerrt werden müsste.
4. Es ist schon bemerkenswert, dass das Gros der Veranstaltungen auf Dienstag, Mittwoch und Donnerstag geballt ist, wogegen montags und freitags kaum etwas stattfindet.
5. Das bedeutet, dass man trotz des umfangreichen Angebots nur eine sehr beschränkte Auswahl hat.
6. Ich möchte darauf hinweisen, dass das langfristig nicht im Interesse des Fachbereichs sein kann.

7. Das ist schon allein damit zu erklären, dass die individuellen Stundenpläne oft nicht sehr lernfreundlich sind, wodurch wiederum das allgemeine Niveau sinken wird.
8. Auch möchte ich hinzufügen, dass Stundenpläne nicht in erster Linie auf die persönlichen Bedürfnisse der Lehrkräfte auszurichten sind.
9. Ich brauche nicht zu erklären, dass die Hauptrolle bei der Unterrichtsplanung den Studierenden zukommt.
10. Abschließend möchte ich Ihnen noch sagen, dass Ihr Kurs, auch wenn ich ihn nicht zu Ende führen kann, mir jetzt schon sehr geholfen hat.

Zweite Übung
Wenn Sie anfällig sind für Sätze, wie sie in der ersten Übung stehen, dann machen Sie sich eine schwarze Liste mit floskelhaften Hauptsätzen. Versuchen Sie, derartige Konstruktionen von vornherein zu vermeiden. Wenn sich trotzdem die eine oder andere einschleicht, streichen Sie sie bei der Überarbeitung.

Dritte Übung
In den folgenden Satzgefügen sind die Relativsätze über Gebühr strapaziert. Bitte sorgen Sie für Ausgleich. Sie haben freie Hand beim Umformulieren.

1. Max verließ die Schule vor dem Abitur, wobei er die Absicht hatte, eine Ausbildung zum Kfz-Mechatroniker zu machen.
2. Er bekam einen Ausbildungsplatz, den er wegen Auseinandersetzungen mit dem Meister aufgab.
3. Mit achtzehn kaufte er ein Auto, das er zu Schrott fuhr.
4. Dadurch machte er Schulden, die ihn auf die schiefe Bahn brachten.
5. Max ließ sich auf kleine Geschäfte mit einem Drogendealer ein, was er völlig falsch eingeschätzt hatte.
6. Ihm ging es um seine Schulden und Geld für ein neues Auto, wobei ihn die Drogen an sich überhaupt nicht interessierten.
7. Er wurde bei einer Drogenrazzia im Bahnhofsviertel gefasst, wo auch Prostitution ein großes Problem ist.
8. Max will mit Hilfe einer Sozialarbeiterin, die mit dreißig Klienten stark überlastet ist, seinen Ausstieg aus dem Milieu schaffen.
9. Er will nach wie vor mit Autos arbeiten, die schon allein wegen ihrer komplexen Elektronik die Ausbildung immer anspruchsvoller machen.
10. Die Sozialarbeiterin rechnet Max, der ein Ziel vor Augen hat, gute Chancen aus.

Vierte Übung
Die folgenden Sätze sind teils in Ordnung, teils verbesserungsbedürftig. Bitte überarbeiten Sie die Sätze nach den oben aufgezeigten Kriterien.

1. Soziale Arbeit ist ein Beruf, für den man eine ganze Reihe persönlicher Voraussetzungen mitbringen muss.
2. Tatsache ist, dass man gewitzt und gewieft sein muss, sonst wird man von den Klienten über den Tisch gezogen.
3. Dann gilt man als lebensuntüchtig und dumm, was den Klienten kein Vorbild sein kann.
4. Zusätzlich braucht man Geduld, die es einem erlaubt, auch kleine Fortschritte wahrzunehmen.
5. Was häufig unterschätzt wird, ist die Standhaftigkeit.
6. Hier ist anzumerken, dass die Klienten sehr manipulativ sein können.
7. Wer sich auf die Manipulationen einlässt, wird kaum noch die vereinbarten Ziele erreichen.
8. Ein Sozialarbeiter, der sich von Mitleid lenken lässt, wird seinen Klienten keine große Hilfe sein.
9. Wer sich zu sehr aufs Mitleiden verlegt, wird zu wenig gegen das Leiden tun.
10. Ich brauche gar nicht auszuführen, dass der Anreiz zur Selbsthilfe immer noch die beste Hilfe ist.

---

10 Fallstrick # 4: Satzwertiger Infinitiv

Der satzwertige Infinitiv kommt fast einem Nebensatz gleich – aber eben nur fast. Was ihm fehlt, ist das eigene Subjekt. Diese Besonderheit wird oft übersehen, und das führt zu grammatischen Fehlern. Damit Sie derartige Fehler vermeiden können, sollten Sie wissen, wie sich der satzwertige Infinitiv verhält.

Siehe auch *Deutsch fürs Studium*, Baustein 28

Der satzwertige Infinitiv ist ein Infinitiv mit *zu* plus Erweiterung: *Ich lerne, <u>um die Prüfung zu bestehen</u>*. Man kann ihn durch einen Nebensatz ersetzen: *Ich lerne, damit ich die Prüfung bestehe*. Der Nebensatz hat ein finites Verb als Prädikat (*bestehe*) und ein eigenes Subjekt (*ich*). Der satzwertige Infinitiv dagegen kann gar kein eigenes Subjekt haben, denn das Verb im Infinitiv (*bestehen*) ist ohne Bezug. Ersatzweise bindet sich der Infinitiv

– zumindest inhaltlich – an ein Glied im übergeordneten Satz. Im Beispielsatz bezieht er sich auf das Subjekt des Hauptsatzes (*ich*). Genauso gut kann er sich auf ein Objekt beziehen: *Ich bitte dich, mit mir zu lernen.* Nur wenn er gar keinen Bezug hat, dann macht sich das Fehlen des Subjekts bemerkbar: *Das Treffen wurde auf Mittwoch verschoben, um die Bibliothek nutzen zu können.* Dieser Satz ist falsch.

Falsch angeschlossene Infinitivgruppen kann man auf unterschiedliche Weise in Ordnung bringen. Man kann den Hauptsatz so ändern, dass er ein Subjekt für den Infinitiv hergibt: *Wir haben unser Treffen auf Mittwoch verschoben, um die Bibliothek nutzen zu können.* Oder man macht aus dem satzwertigen Infinitiv einen Nebensatz: *Das Treffen wurde auf Mittwoch verschoben, damit wir die Bibliothek nutzen können.*

Üben Sie nun, satzwertige Infinitive fest in Satzgefügen zu verankern.

Übungen

Erste Übung

In den folgenden Satzgefügen fehlt den Infinitiven die Anbindung an den übergeordneten Satz. Bitte bringen Sie das in Ordnung.

1. Die Versammlung wurde für die Mittagszeit einberufen, um die Studierenden zeitnah zu informieren.
2. Der Lehrstuhl soll nicht neu besetzt werden, um Geld zu sparen.
3. Diese Entscheidung wurde getroffen, ohne die langfristigen Folgen zu bedenken.
4. Schon wieder wird am falschen Ende gespart, statt den Haushalt nach unnützen Ausgaben zu durchforsten.
5. Einzelne Gruppen werden mit milliardenschweren Steuergeschenken bedacht, statt zum Wohle aller den Bildungsetat zu stärken.
6. Es werden immer mehr Lehraufträge vergeben, um feste Stellen einzusparen.
7. Lehrbeauftragte werden schlecht bezahlt, statt ihnen einen Anreiz zu bieten.
8. Immer wieder werden Kurse von Lehrbeauftragten abgebrochen, um anderswo für mehr Geld zu arbeiten.
9. Das wird im Dekanat zwar bedauert, aber ohne Alternativen zu schaffen.
10. Manche Übungen werden nicht aus Interesse belegt, sondern nur um die notwendigen Credit Points zu kriegen.

Zweite Übung

Im Folgenden sehen Sie richtige und falsche Sätze durcheinander. Bitte prüfen Sie alle Sätze und korrigieren Sie die Fehlkonstruktionen.

1. Im ersten Kapitel der Arbeit wird die Rechtslage dargestellt, um dann die sozialen Entwicklungen aufzeigen zu können.
2. Dabei werden Männer und Frauen getrennt betrachtet, um den unterschiedlichen Lebenswelten gerecht zu werden.
3. Frauen mussten eine ganze Reihe von praktischen und ideologischen Hürden überwinden, um Zugang zu einer weiteren Bildung zu erlangen.
4. Sie galten als zu kindisch, um etwas Ernsthaftes zu leisten.
5. Es war ihre vorrangige Aufgabe, Kinder großzuziehen.
6. So war denn für viele Mädchen die Heirat das Ziel, anstatt selbst etwas zu lernen.
7. Viele mussten bitter erfahren, was es heißt, abhängig und mittellos zu sein.
8. Heute ist es bitter zu sehen, wie achtlos Bildungschancen vertan werden, anstatt sie zu würdigen und zu nutzen.
9. Das kann man sagen, ohne zu übertreiben.
10. Die Arbeit soll spätestens Ende Mai abgeschlossen sein, um bei Bedarf noch vor der Sommerpause alle Ansprechpartner zu erreichen.

Dritte Einheit: Zusammenhang

Der Zusammenhang macht aus einzelnen Sätzen einen schlüssigen Text. Dazu allerdings reicht es nicht, dass er irgendwo – zum Beispiel in Ihrem Kopf – existiert; er muss vielmehr beim Lesen ersichtlich sein. Je deutlicher Sie den Zusammenhang sichtbar machen, desto leichter liest sich Ihr Text. In dieser Einheit lernen Sie, den Textzusammenhang zu zeigen.

11 Verbindungswörter nutzen

Verbindungswörter sind Wörter, die Übergänge von einem Satz zum anderen schaffen. In dieser Funktion treten etwa Konjunktionen auf (*aber, denn, doch*), hinweisende Fürwörter (*das, dieses*), Adverbien (*allerdings, also, außerdem, dann, deshalb*) oder auch Pronominaladverbien (*dabei, dadurch, hiermit*).

Mit Hilfe von Verbindungswörtern können Sie auch sehr genau angeben, *wie* Inhalte miteinander zusammenhängen. Der Zusammenhang kann zum Beispiel eine Bedingung sein (*sonst*), ein Grund (*darum*), eine Folge (*folglich*), ein Zweck (*dazu*), eine Spezifizierung (*insbesondere*) oder ein Vergleich (*ebenso*). Diese feine Differenzierung brauchen Sie vor allem in Texten, die von Genauigkeit leben, so auch in wissenschaftlichen Arbeiten.

Die Wirkung von Verbindungswörtern erkennen Sie in der folgenden Gegenüberstellung:

Ohne Verbindungswörter	Mit Verbindungswörtern
Nora bereitet sich auf ihre Prüfung vor. Sie wiederholt sämtlichen Stoff der letzten Semester. Die Lernerfolge bleiben aus. Nora hat sich verzettelt.	Nora bereitet sich auf ihre Prüfung vor. <u>Dazu</u> wiederholt sie sämtlichen Stoff der letzten Semester. <u>Dennoch</u> bleiben die Lernerfolge aus. <u>Denn</u> Nora hat sich verzettelt.

Links sehen Sie vier einzelne Fakten; die werden Sie bald vergessen. Rechts dagegen sind die Fakten zu einer Folge verknüpft, und die können Sie leichter aufnehmen. Sie ist erstens eingängig und zweitens nachvollziehbar. Genau diese Qualitäten werden durch die Verbindungswörter gestärkt. Deren Einsatz können Sie nun üben.

Baustein 11: Verbindungswörter nutzen 49

Übungen

Erste Übung
Bitte lesen Sie die folgenden Texte als Einheiten und unterstreichen Sie die Verbindungswörter, die Ihnen auffallen. Beschreiben Sie, was für Zusammenhänge hergestellt werden.

1. Hessische Unternehmen wurden aufgefordert, künftig den Lohntest „Logib-D" anzuwenden. Dadurch sollen geschlechtsspezifische Lohnunterschiede abgebaut werden. Die Staatsekretärin sagte, es bestehe Handlungsbedarf. Denn nach wie vor verdienten Frauen im Schnitt 23 Prozent weniger als ihre männlichen Kollegen. Damit gehöre Deutschland im Vergleich der EU-Länder zu den Schlusslichtern. Nur in Estland und der Slowakei sei die Lohnkluft zwischen Frauen und Männern noch größer.

2. Die Lebensverhältnisse der Menschen haben immer auch eine soziale und eine räumliche Dimension. Dies stellt eine anthropologische Konstante dar. Gleichzeitig ist die Beziehung zwischen Gesellschaft und Raum einem tiefgreifenden Wandel unterworfen. So war die industrielle Revolution auch eine Revolution der Mobilität und damit der gesellschaftlichen Verfügung über Raum. Nun scheint durch das Internet die räumliche Bindung überwunden zu sein. Dennoch ist der Mensch in seinen Lebensäußerungen nach wie vor ortsgebunden. Allerdings haben sich seine Ansprüche geändert.

3. Bei der Auswahl sind wir folgendermaßen vorgegangen: Zunächst haben wir unabhängig voneinander alle eingereichten Vorschläge geprüft. Danach konnten wir die Vorschläge aussortieren, die wir alle drei für ungeeignet hielten. Über die verbleibenden Vorschläge haben wir ausgiebig diskutiert. Dabei war ein wesentliches Kriterium der größte Nutzen für den größten Empfängerkreis. Schließlich wäre es nicht zu verantworten, nur einen kleinen Kreis profitieren zu lassen. Allerdings brauchen wir auch keine Sparbrötchen zu backen. Denn bei allem Sparzwang soll doch die Qualität oberstes Gebot bleiben.

Zweite Übung
Die folgenden Texte beschreiben Filme – allerdings mehr schlecht als recht. Sie lesen sich sehr holprig, denn es steht jeder Satz für sich. Bitte verbinden Sie die Sätze so, dass die Texte sich flüssig lesen – und der Leser den Film auch sehen will. Ein Hinweis zum Vorgehen: Am besten sehen Sie sich in einem ersten Durchgang den Text als Ganzes an, damit Sie sich die Geschichte zusammenreimen können. Fügen Sie erst in einem zweiten Durchgang die Verbindungswörter ein.

1. „Alexis Sorbas"
   Der junge britische Autor Basil erbt die Braunkohlemine seines Vaters auf Kreta. Er macht sich auf den Weg ins fremde Griechenland. Er lernt den Griechen Alexis Sorbas kennen. Sorbas ist ein impulsiver Lebemann, der Basil die griechischen Bräuche und die griechischen Frauen näher bringt. Er kümmert sich um die Ausbeutung der Mine. Basil verliebt sich unsterblich in eine attraktive Witwe. Weder die Liebe noch das Geschäft mit der Mine stehen unter einem guten Stern. Es kommt zu einer Katastrophe …

2. „Capote"
   Im November 1959 ist Truman Capote ein gefeierter Schriftsteller. Beim Lesen der *New York Times* wird er auf einen Aufsehen erregenden Mordfall aufmerksam: Eine vierköpfige Familie aus Kansas wurde förmlich hingerichtet. Capote erkennt den Stoff für eine Geschichte. Er reist zusammen mit seiner alten Freundin Harper Lee ins amerikanische Hinterland. Man begegnet dem auffälligen Großstädter mit großer Skepsis. Die beiden Täter, Perry Smith und Dick Hickock, werden gefasst. Capote erkennt den Stoff für ein ganzes Buch – und ein Stück Literaturgeschichte. Aus seinem anfänglichen Interesse wird eine wahre Besessenheit …

Dritte Übung
Der folgende Text stammt aus dem Wirtschaftsrecht: Er handelt von kapitalmarktrechtlichem Anlegerschutz. Bitte prüfen Sie die Übergänge und fügen Sie bei Bedarf Verbindungswörter ein. Keine Sorge! Das können Sie auch als Nicht-Wirtschaftler.

In den letzten Jahren interessieren sich Privatanleger zunehmend für Aktien. In der Rechtswissenschaft wurde immer wieder die Frage aufgeworfen, ob der nach deutschem Recht zur Verfügung gestellte Rechtsschutz ausreichend ist, um dem gewandelten Anlegerverhalten Rechnung zu tragen. Die Folgen der aktuellen Wirtschaftskrise haben den Anlegerschutz zu einem zentralen Thema gemacht.

Die Arbeit gibt einen Überblick über das bestehende Haftungssystem für fehlerhafte oder unterlassene Kapitalmarktinformationen im deutschen Kapitalmarktrecht. Der Ist-Zustand der Rechtslage wird kritisch beleuchtet. Es wird die Forderung nach einem verbesserten Kapitalmarktinformationshaftungsgesetz an den Gesetzgeber formuliert.

Vierte Übung
Bitte nehmen Sie sich eine Ihrer eigenen Arbeiten vor und prüfen Sie – zumindest für ein paar Seiten – die Übergänge von Satz zu Satz. Wo die Übergänge schwach sind, helfen Sie mit Verbindungswörtern nach.

12 Nach Informationsgehalt vorgehen

Sätze sind nicht nur grammatische Gebilde, sondern – im besten Falle – kleine Inszenierungen. Das heißt: Sie stellen Ihre Informationen nicht wahllos in den Satz, sondern Sie achten darauf, was an welcher Stelle wie zur Geltung kommt. Sie präsentieren Ihre Informationen nach Gehalt.

Ein übliches Präsentationsmuster ist die Thema-Rhema-Gliederung. Das Thema ist die bekannte Information; sie steht am Satzanfang. Das Rhema ist die neue Information; sie steht am Satzende. Von diesem Muster aus kann man sehr einfach im Text voranschreiten, indem man das Rhema des Vorgängersatzes zum Thema des Folgesatzes macht. Das sieht dann so aus: *Dieser Baustein* [T1] *handelt von Informationsgehalt und Satzstellung* [R1]. *Durch die Satzstellung* [R1 = T2] *kann man Informationen hervorheben* [R2]. *Diese Hervorhebungen* [R2 = T3] *sind eine Verständnishilfe für den Leser* [R3]. Das ist die so genannte *einfache Progression*.

Eine andere Möglichkeit voranzuschreiten ist die Wiederaufnahme des Themas. Die führt zu einem *durchlaufenden Thema*. Dazu ein Beispiel: *Dieser Baustein* [T1] *handelt von Informationsgehalt und Satzstellung* [R1]. *Er* [T1] *legt die Satzlehre zugrunde* [R2]. *Er* [T1] *sensibilisiert Sie für pragmatische Fragen* [R3].

Diese beiden Grundmuster treten nicht immer so eindeutig auf wie in den Beispielen. Das wäre auch langweilig. Ebenso langweilig wäre es, längere Texte allein nach dem einen oder anderen Muster zu gestalten. Ein Text braucht Vielfalt, um lebendig zu wirken.

Wichtig für Sie ist, dass Sie Thema, Rhema und die Grundmuster kennen. Dann können Sie nämlich aussuchen, ob Sie einem Muster folgen oder davon abweichen. Auf jeden Fall wissen Sie, was Sie tun.

Übungen

Erste Übung
Bitte prüfen Sie Satz für Satz, wie die folgenden Texte fortgeschrieben sind: vom Rhema aus (Rhema wird zum Thema) oder vom Thema aus (Thema wird wiederaufgenommen).

Teil 1
1. Olga studiert in Mainz.
2. Dort gibt es viele Kirchen.
3. Eine Kirche ist wegen ihrer Chagall-Fenster berühmt.
4. Sie zieht besonders viele Besucher an.
5. Die meisten Besucher der Stadt genießen auch die kulinarischen Spezialitäten.
6. Dazu zählen Weck, Wurst und Wein.
7. Der Wein der Region hat einen guten Ruf.
8. Er wird in die ganze Welt exportiert.
9. Der Export schafft viele Arbeitsplätze.
10. Die wiederum stärken die Kaufkraft und die Geschäfte vor Ort.

Teil 2
1. Paula nimmt an einem Bewerbungstraining teil.
2. Das zeigt den Weg von der Stellensuche bis hin zum Vorstellungsgespräch.
3. Das Vorstellungsgespräch ist für viele die größte Hürde.
4. Doch auf diese Hürde kann man sich vorbereiten.
5. Dazu gehört die sorgfältige Recherche.
6. Die wird durch eine Internetpräsenz des Unternehmens erheblich erleichtert.
7. Diese Erleichterung sollte allerdings nicht zu einer Sicht führen, die jegliche Kritik ausblendet.
8. Eine kritische Perspektive ist immer noch die beste Voraussetzung für ein gelingendes Berufsleben.
9. Das muss nicht jeden Tag rosig sein.
10. Aber es soll Leistung und Gegenleistung in ein gesundes Verhältnis setzen.

Zweite Übung
Die beiden Übungstexte oben habe ich beim Schreiben entwickelt. Ich habe einen beliebigen Ausgangssatz genommen und mich dann von Satz zu Satz leiten lassen. Das funktioniert wie am Schnürchen, insbesondere mit der einfachen Progression

[Rhema 1 = Thema 2]. Die hilft einem auch weiter, wenn man ins Stocken geraten ist. Dann braucht man nur zu fragen: „Was gibt es über die letzte Aussage zu sagen?" In der Regel fällt einem darauf etwas ein. Und wenn einem gar nichts einfällt, weiß man immerhin, dass man in einer Sackgasse steckt und umkehren muss. Sie sehen: Die einfache Progression ist nicht nur für den Text gut, sondern auch für den Schreibprozess. Deshalb sollten Sie das Prinzip verinnerlichen. Fangen Sie damit an, indem Sie auf den Satz „Ich schreibe eine Hausarbeit" in einfacher Progression zehn Sätze folgen lassen.

Dritte Übung
Die einfache Progression können Sie immer mal zwischendurch üben. Dazu brauchen Sie gar nicht zu schreiben, das geht auch im Kopf. Nehmen Sie einen Satz, den Sie irgendwo lesen oder sich ausdenken, und bauen Sie ein paar Sätze darauf auf. So üben Sie sich im Erzählen, und das ist gut für die Kreativität.

13 Geschichten erzählen

Das Geschichtenerzählen ist nicht allein der schönen Literatur vorbehalten; Sie können es in vielen anderen Zusammenhängen nutzen – auch beim wissenschaftlichen Arbeiten.

Wenn Sie Ihre Arbeiten als Geschichten angehen, bedeutet das nicht, dass Sie den Boden der Tatsachen verlassen und Ihren Stoff frei erfinden. Sie bleiben sehr wohl bei den Tatsachen. Aber Sie ordnen und verbinden sie so, dass der Leser Ihnen folgen kann und weiß, worauf Sie hinauswollen. Dann kann er am Ende auch erkennen, was für ein Ziel erreicht wird. Der Text hat Stringenz und ein klares Ergebnis.

Die Wirkung der Geschichte können Sie sich so vorstellen: Zwanzig Seiten Fakten *ohne* Geschichte liest man und denkt „Na und?"; zwanzig Seiten Geschichte dagegen liest man und denkt „Ach so!" Man hat den schönen Moment der Erkenntnis. Den können auch Sie dem Leser verschaffen. Also üben Sie ruhig einmal, Geschichten zu erzählen.

Übung

Im Folgenden sehen Sie grob zusammengefasst den Inhalt einer Kurzgeschichte: „Jolene: ein Leben" von E. L. Doctorow. Allerdings fehlt dem Text, so wie er dasteht, jeglicher Erzählcharakter. Bitte ändern Sie das. Denken Sie über die Zusammenhänge nach und verbinden Sie die Fakten zu einer Geschichte. Sie können gerne Hintergrund oder Erklärungen hinzufügen, wenn Sie das für notwendig halten.

Ein Tipp zum Vorgehen: Lesen Sie sich Ihre Entwürfe laut vor und feilen Sie an den Stellen, die nicht gut klingen. Lesen Sie auch die neue Version laut und nutzen Sie bei Bedarf wiederum die Feile. So gelangen Sie Schritt für Schritt zu einer schönen Geschichte.

1. Jolene will ihrer Pflegefamilie entkommen.
   Mit fünfzehn heiratet sie Mickey Holler.
   Mickey ist jung, dumm und unbedarft.
   Mickeys Stiefvater verwickelt Jolene in eine Affäre.
   Mickey erwischt die beiden.
   Er dreht durch.
   Er bringt sich um.
   Jolene landet in der Jugendpsychiatrie.
   Eine Wärterin verliebt sich in sie.
   Mit Hilfe dieser Wärterin gelingt Jolene die Flucht.
2. Jolene heiratet den Tätowierer Coco Leger.
   Nach und nach kommt heraus, was Coco verschwiegen hat.
   Coco dealt mit Drogen.
   Er ist bereits verheiratet.
   Er hat ein Kind.
   Jolene setzt sich ab nach Las Vegas.
3. In Las Vegas arbeitet Jolene als Nackttänzerin.
   Dabei lernt sie einen älteren Herrn kennen: Sal Fontaine.
   Sal nimmt sie zu sich ins Hotel.
   Er verwöhnt sie mit Luxus.
   Eines Tages tauchen seine Geschäftspartner auf.
   Sie machen dem süßen Leben mit Schusswaffen ein Ende.
   Jolene flieht nach Tulsa.
4. In Tulsa arbeitet Jolene als Kellnerin.
   Dabei lernt sie den vornehmen Brad G. Benton kennen.
   Brad ist sehr fromm.
   Für ihn gehört Sex nur in die Ehe.
   Er und Jolene heiraten.
   Brad entpuppt sich als gewalttätig.
   Er steht unter der Fuchtel seiner feinen Familie.
   Die will mit Jolene nichts zu tun haben.
   Jolene bringt einen Sohn zur Welt.

Brad reicht die Scheidung ein.
Er gewinnt das Sorgerecht.
Jolene setzt sich ab nach West Hollywood.
5. In Hollywood arbeitet Jolene in einem Verlag.
Der gibt Porno-Hefte heraus.
Jolene hat Träume.
Sie sieht sich als Filmstar.

Vierte Einheit: Texte

Texte sind komplexe sprachliche Äußerungen, die einen inneren Zusammenhang aufweisen, einen bestimmten Zweck erfüllen und als Einheit wahrgenommen werden. Also kommt es beim Schreiben darauf an, genau diese Merkmale zu stärken: die Verbundenheit der Inhalte, die Erkennbarkeit des Zwecks und die Einheitlichkeit des Ganzen. Das klingt abstrakt, lässt sich aber leicht ins Praktische übersetzen.

Jeder Text braucht einen Aufbau, dem der Leser mühelos und ohne zu stolpern folgen kann. Im besten Fall ergibt sich ein Element wie von selbst aus dem anderen. Entsprechend muss die Information geordnet sein.

Der Text braucht eine Gliederung, die es dem Leser erlaubt, die Information etappenweise zu nehmen. Mit jeder Etappe wird ein kleines Zwischenziel erreicht. So muss sie denn auch definiert sein.

Der Leser soll an jeder Stelle des Textes wissen, wo er ist und was kommt. Diese Orientierung kann man ihm durch zusätzliche Steuerungsmittel erleichtern.

Das sind die drei Bausteine dieser Einheit: Ordnen, Gliedern und Lenken. Machen Sie sich fit in allen dreien, dann werden Ihre Texte eine runde Sache.

14 Ordnen

Eine gute Ordnung ist Voraussetzung dafür, dass der Leser den Text gerne liest. Sie werden das aus eigener Erfahrung kennen: Man hat schlicht keine Lust, sich mit dem Durcheinander anderer Leute abzumühen. Das heißt umgekehrt: Beim Schreiben sind *Sie* zuständig fürs Sortieren und Ordnen.

Wie aber sieht eine gute Ordnung aus? Kommt ganz auf den Text an, mögen Sie jetzt denken. Stimmt. Im Einzelnen kann die Ordnung nur textspezifisch sein. Trotzdem gibt es ein paar Grundzüge, die sich aus dem Leseverhalten ergeben.

Zunächst einmal will der Leser wissen, worum es überhaupt geht. Das sollte man ihm gleich zu Anfang sagen. Also ist die Einleitung eine Brücke zum Leser.

In den wesentlichen Ausführungen will der Leser immer die Information parat haben, die er braucht, um folgen zu können. Ein Beispiel: In einer Hausarbeit über irgendeine Persönlichkeit gehören die biographischen Angaben *vorne* in den Text. Denn der Leser braucht sie, um das Wirken der Person in ihrer Zeit zu verstehen. Wenn Sie erst auf der hundertsten Seite schreiben „Ach, übrigens, die Person lebte von ... bis ... da und da", dann nützt das dem Leser gar nichts mehr. Dann hat er bereits neunundneunzig Seiten umsonst gelesen. Bitte sagen Sie jetzt nicht, er hätte ja blättern können. Es ist nicht Aufgabe des Lesers, sich seine Informationen blätternd zusammenzusuchen; es ist immer Aufgabe des Verfassers, Informationen folgerichtig zu platzieren.

Am Ende will der Leser ein Fazit. Die Geschichte soll keine Unklarheiten bestehen lassen und auch nicht im Sande verlaufen. Der Schluss soll klipp und klar sagen, was das Ergebnis ist.

Übungen

Erste Übung
Die folgenden Texte sind zwar kurz, aber doch lang genug, um Strukturschwächen aufzuweisen. Können Sie erkennen, was da nicht stimmt?

1. Sehr geehrter Herr Professor Richard,
   der dritte Teil der Arbeit kann nun doch so bleiben. Ich habe die Angaben anhand mehrerer Quellen überprüft und bin sicher, dass sie stimmen. Also kann ich auch meine These halten. Die Punkte, die Sie im vierten und fünften Teil moniert haben, werde ich korrigieren müssen. Auf Seite 57 hatte ich schlicht die Namen vertauscht, daraus sind die Ungereimtheiten entstanden. Danke auch noch für die kritische Durchsicht.

2. Diese Arbeit beschäftigt sich mit Fördermitteln in der Existenzgründung. Ich werde die verfügbaren Fördermittel und den Bedürfniskatalog gegenüberstellen und zeigen, wo genau die Defizite liegen. Zuvor werde ich die wesentlichen Fördermöglichkeiten im Einzelnen vorstellen.

3. 1.3 Vorgehensweise
   Die Arbeit gliedert sich in sechs inhaltliche Kapitel. In Kapitel 2 werden die theoretischen Grundlagen der Arbeit erläutert. Neben den begrifflichen Definitionen (Kap. 2) wird in Kapitel 3 insbesondere die Relevanz sprachlicher Förderung als Instrument der Unternehmenskommunikation dargestellt.

Zweite Übung
Bei vielen Textsorten ergibt sich die Struktur aus dem Sachverhalt. Wenn Sie etwa eine Arbeit schreiben über die Geschichte des FC Chelsea, werden Sie sich an die Chronologie halten. Wenn Sie über Tourismus in Bayern schreiben, werden

Sie vom Großen zum Kleinen gehen, von der Landesebene zu den Touristenorten. Wenn Sie einen Projektvorschlag schreiben, werden Sie erst den Rahmen darstellen und dann die Einzelheiten abhandeln. Der Aufbau dieser Texte liegt also auf der Hand.

Bitte skizzieren Sie, welcher Aufbau sich für die folgenden Texte anbietet. Sie brauchen nicht ins Detail zu gehen; die Richtung reicht.

1. Hausarbeit zum Thema „Stephen Kings Roman *Shining*"

2. Hausarbeit zum Thema „Veganismus in Deutschland"

3. Leitfaden zum Thema „Wie schreibt man eine Bachelorarbeit?"

4. ein Bewerbungsschreiben

5. eine Beschwerde

15 Gliedern

Mit der Gliederung markieren Sie Sinneinheiten. In kürzeren Texten kommen Sie mit Absätzen hin; in längeren Texten werden Sie Kapitel einrichten, und die können Sie wiederum in Unterkapitel einteilen. Mit diesen Gliederungseinheiten erleichtern Sie dem Leser die Informationsverarbeitung: Er muss nicht den gesamten Stoff auf einmal schlucken, sondern kann ihn portionsweise aufnehmen. Sie wiederum haben dafür zu sorgen, dass die Portionen richtig bemessen sind.

Absätze sind die nächstgrößere Einheit nach dem Satz; sie fassen mehrere Sätze zu einem kleinen Thema zusammen. Optisch wird der Absatz in der Regel durch eine Leerzeile markiert, in Büchern (so wie hier) auch per Einzug. Bei Ihren Arbeiten halten Sie sich am besten an die Vorgaben Ihres Fachbereichs; im Schriftverkehr können Sie sich an der DIN 5008 orientieren. Die empfiehlt die Leerzeile. Auf jeden Fall muss der Absatz deutlich für sich stehen. Dann kann nämlich der Leser einen Gedanken ablegen, bevor er sich auf den nächsten einstellt.

Ein Kapitel ist ein Hauptabschnitt, der einen wesentlichen Aspekt enthält. Es kann bei Bedarf in mehrere Unterkapitel gegliedert werden. Wenn Sie zum Beispiel über gesunde Ernährung schreiben, kann Obst ein Kapitel sein; Apfel, Birne und Banane wären Unterkapitel. Bitte beachten Sie: Ein Unterkapitel allein ist nicht sinnvoll; Sie brauchen mindestens zwei.

Üben Sie zunächst, Absätze zu setzen; schärfen Sie dann Ihren Blick für logische Gliederungen.

Übungen

Erste Übung
Absätze werden oft in ihrer Bedeutung verkannt. Wenn Platz einzuholen ist, werden sie mir nichts, dir nichts gelöscht; wenn Text gestreckt werden soll, werden sie wahllos eingefügt. Beides ist nicht im Sinne des Erfinders. Ein Absatz ist eine Sinneinheit; er enthält einen vollständigen Gedanken. Die Vollständigkeit ist denn auch das Kriterium für den Absatz, nicht der zur Verfügung stehende Platz. Im folgenden Text fehlt jegliche Gliederung. Bitte markieren Sie die Stellen, wo Absätze eingefügt werden sollten.

Der Bachelorstudiengang International Finance ist ein international orientierter Finance-Studiengang für den Führungskräftenachwuchs für multinationale Unternehmen. Besonderes Gewicht liegt auf der Verbindung von praxisbezogenem Wissen, mathematischen Methoden und kommunikativen Fähigkeiten. Die Studiendauer beträgt sieben Semester. Das fünfte Semester ist als Auslandssemester konzipiert. Dadurch erlangen Sie – neben der fachlichen Vertiefung – Kenntnisse über die Lebens- und Arbeitsbedingungen im jeweiligen Partnerland. Das Studium gliedert sich in 16 Pflichtmodule und 10 Wahlpflichtmodule. Hinzu kommen ein Projekt, die Bachelorarbeit und ein Auslandssemester.

Zweite Übung
Der folgende Text enthält zwar Absätze, aber sie erfüllen nicht ihren Zweck. Was stimmt da nicht?

Viele Studierende jobben in der Gastronomie. Dort sind immer Jobs zu haben, die Arbeitszeiten sind flexibel, die Aufgaben vielfältig. Der eine mag Döner füllen, eine andere Bierkrüge schleppen, ein Dritter an der Kasse sitzen und eine Vierte die Spülmaschine ausräumen. Es ist für jedes Gemüt etwas dabei. Ein Nachteil ist der Stress.

Zu Stoßzeiten wird es voll und laut. Alle wollen auf einmal bedient werden. Und einer mäkelt immer, dass es ihm nicht schmeckt. Zum Stress kommt auch noch die körperliche Anstrengung. An einem langen Abend läuft man schon einmal mehrere Kilometer, und das mit schweren Tabletts. Studierende müssen unter anderem eine gute Kondition mitbringen. Daneben sind weitere Bedingungen zu erfüllen.

Wer mit Lebensmitteln hantiert, muss sich vom Gesundheitsamt über Infektionskrankheiten belehren lassen. Über diese Belehrung wird eine Bescheinigung ausgestellt. ...

Dritte Übung
Bitte sehen Sie sich die folgenden Ausschnitte aus Gliederungen an. Können Sie – auch ohne die Materie zu kennen – die Schwachpunkte erkennen? Welche sind das?

Eine Arbeit über Mentoring für Existenzgründer:
1. Einleitung
1.1 Gang der Arbeit
1.2 Entwicklung der Unternehmensgründungen in Deutschland
1.3 Hilfsangebote für Existenzgründer
1.4 Typische Probleme
2. Das Konzept des Mentoring
2.1 Definition und Abgrenzung
2.2 Die Rolle des Mentors
2.3 Die Rolle des Mentees
...

Analyse eines Romans:
1. Einleitung
2. Entstehungsgeschichte
3. Handlung
3.1 Zusammenfassung
4. Hauptfiguren
4.1 Adam
4.2 Eva
4.3 Der alte Mann
5. Autobiographische Elemente
5.1 Die Vater-Sohn-Thematik
6. Literarische Einflüsse
...

16 Lenken

Stellen Sie sich Ihren Text vor wie eine Reise, die Sie organisieren. Mit der Ordnung bestimmen Sie die Route; mit der Gliederung legen Sie die Etappen fest. Jetzt können Sie noch ein Weiteres tun: Sie stellen Markierungen auf, die dem Leser unterwegs zeigen, wo er sich gerade befindet. Damit helfen Sie ihm, sich zu orientieren. Er findet sich zurecht, fühlt sich heimisch im Text und kann ihn umso besser aufnehmen.

Die Mittel der Lenkung sind vielfältig. Das können Ankündigungen im laufenden Text sein, Aufzählungen, Zwischenüberschriften oder auch Hervorhebungen. Diese vier Mittel werde ich nun vorführen.

Ankündigungen
Kündigen Sie an, was Sie tun. Zum Beispiel so: *In diesem Baustein werde ich zeigen, wie man den Leser lenkt.* Oder so: *Ich werde die Ergebnisse kurz zusammenfassen.* Oder so: *Ich will gerne erklären, warum ich für diese Aufgabe besonders geeignet bin.*

Aufzählungen
Aufzählungen sind immer ein stabiles Gerüst, übrigens nicht nur für den Leser. Sie helfen bereits beim Schreiben, die Gedanken gegeneinander abzugrenzen und zu profilieren. Man muss schon ziemlich klar gedacht haben, bevor man schreiben kann: *Ich werde diese These mit fünf Argumenten belegen.* Oder: *Dafür sprechen drei gute Gründe.* Bei unklarem Denken weiß man vielleicht gar nicht, dass es fünf Argumente und drei gute Gründe sind.

Zwischenüberschriften
Zwischenüberschriften stechen ins Auge, sobald man aufs Blatt schaut. Sie sind eine kurze Vorschau auf den folgenden Text; sie müssen dessen Inhalt auf den Punkt bringen. Achten Sie darauf, dass die Überschriften einer Ebene gleich strukturiert sind.

Hervorhebungen
Mit Hervorhebungen zeigen Sie, dass ein Textteil besondere Beachtung verdient. Sie können einzelne Wörter durch Kursivschrift hervorheben, dann werden sie *betont* gelesen. Zitate über drei Zeilen werden durch Einrückung hervorgehoben. Dadurch ist das Verhältnis von zitiertem Text zu eigenem Text auf den ersten Blick zu erkennen.

Übungen

Erste Übung
Bitte lesen Sie die folgenden Texte und überlegen Sie, welche Mittel man einsetzen könnte, um dem Leser eine bessere Orientierung zu geben.

1. In der Sitzung wird beschlossen, dass die Mensa erweitert werden soll, damit auch in den Stoßzeiten alle Hungrigen versorgt werden können. Die Grünfläche hinter der Mensa wird neu gestaltet. Dort sollen Tische und Bänke aufgestellt werden, damit man bei schönem Wetter auch draußen essen kann. Außerdem soll der Kinderspielplatz hinter Gebäude C bis zur Straße hin vergrößert werden. Auf der zusätzlichen Fläche wird ein Klettergerüst aufgestellt.

2. Alle Punkte wurden sorgfältig geprüft. Im feuchten Keller reicht es, den Putz abzuschlagen und für Belüftung zu sorgen. Die nasse Stelle im ersten Stock ist durch das Garagendach entstanden, das zum Nachbarhaus gehört. Dieser Schaden ist vom Verursacher zu beheben. Die Nässe in der Decke des Obergeschosses ist auf undichte Stellen im Dach zurückzuführen. Das Dach ist sanierungsbedürftig.

Zweite Übung
Bitte lesen Sie den folgenden Text und überlegen Sie, wo man Absätze und Zwischenüberschriften einfügen könnte. Wie könnten die Zwischenüberschriften lauten?

Vegetarier sind auf dem Vormarsch. Die meisten von ihnen sind weiblich und gut gebildet. Sie stehen nicht in der Esoterik-Ecke, und sie brauchen auch nicht länger am Katzentisch zu sitzen. Sie sind in der Mitte der Gesellschaft angekommen. Das ist kein Wunder, denn vegetarisches Leben bietet eine ganze Reihe von Vorteilen. Vegetarier leiden seltener als Fleischesser an Übergewicht. Sie haben tendenziell einen niedrigeren Blutdruck und einen geringeren Cholesterinspiegel. Sie ernähren sich bewusster, fühlen sich wohler – und leben länger. Vegetarier betreiben aktiven Tierschutz, nämlich jedes Mal, wenn sie essen. Sie sagen *Nein, danke* zur Fleischindustrie. Die bedient fast 98 Prozent des Bedarfs. Fast jedes Stück Fleisch stammt aus Massentierhaltung. Hier können Tiere keine Minute lang Tier sein. Sie werden im Schnellverfahren gemästet, über weite Strecken zu Schlachthöfen transportiert – und getötet. Wer sich aus dieser Kette ganz ausklinken will, lebt am besten vegan. Vegetarier sind beharrliche Umweltschützer, und das nicht nur wegen ihrer Gärtchen und Kräuterspiralen. Durch den Verzicht auf Fleisch schonen sie das Klima. Denn die Viehherden treiben den CO_2-Ausstoß in die Höhe. Außerdem werden für jedes Kilogramm Rindersteak, das auf dem Teller landet, zehn Kilo Getreide verfüttert und 16.000 Liter Wasser verbraucht.

Fünfte Einheit: Textbearbeitung

Die Textbearbeitung ist ein wesentlicher Schritt beim Schreiben. Es ist nämlich sehr unwahrscheinlich, dass gleich die erste Version druckreif ist. Sie tun sich selbst einen Gefallen, wenn Sie das gar nicht erwarten. Richten Sie sich lieber von vornherein darauf ein, dass Sie im ersten Durchgang nur eine Rohfassung schreiben. Die kann ruhig Fehler und Schwächen enthalten. Im zweiten Durchgang bearbeiten Sie die Rohfassung. Sie berichtigen die Fehler, gleichen holprigen Stellen und Lücken aus und straffen und vereinfachen, wo es nur geht. Im dritten Durchgang schließlich lesen Sie Korrektur.

Bei der Textbearbeitung gehen Sie vom Großen zum Kleinen. Sie lesen den Text als Ganzes und prüfen, ob er Hand und Fuß hat. Kann der Leser auf Anhieb erkennen, worum es geht und worauf Sie hinauswollen? Kann er dem Aufbau folgen? Ist alles da, was er für sein Verständnis braucht? Sind Stellen da, die ihn ablenken oder in die Irre führen? Sind alle Übergänge deutlich? Sind alle Sätze leicht zu lesen? Sind alle Wörter klar und eindeutig?

Wenn Sie Ihren Text inhaltlich in Ordnung gebracht haben, sollten Sie die sprachliche Seite noch einmal extra prüfen. Haben sich Tippfehler eingeschlichen? Zeichensetzungsfehler? Wortwiederholungen? Verwechslungen? Zahlendreher? Das werden Sie beim Korrekturlesen feststellen.

In den Bausteinen dieser Einheit sehen Sie, wie Straffen, Vereinfachen und Korrekturlesen geht. Im Übrigen gilt: Man muss es immer und immer wieder tun, um ein kritisches Auge zu entwickeln.

17 Straffen

Einen Text straffen heißt alles Überflüssige entfernen. Das scheint vielen Studierenden gegen den Strich zu gehen. Man kann sich denken, warum. Der erste Grund werden die Seitenvorgaben sein: Da wird manch einer Angst haben, seine Seiten nicht voll zu kriegen. Also bläht er den Text auf. Der zweite Grund wird das Bedürfnis sein, Mühe und Wissen angemessen zur Schau zu stellen. Da wird manch einer denken, es kann doch nicht sein, dass *so wenig* dabei herauskommt. Also macht er mehr daraus. In beiden Fällen ist das Vorgehen verständlich, aber trotzdem nicht zu empfehlen. Denn später im Beruf – wenn Zeit Geld ist – wird niemand Interesse daran haben, auf zehn Seiten zu lesen, was auf fünf Seiten gesagt werden kann. Mit anderen Worten: Fassen Sie sich kurz. Kürze ist des Witzes Seele; Weitschweifigkeit nervt.

Übungen

Erste Übung
Die folgenden Abschnitte enthalten überflüssige Ausführungen. Welche sind das? Bitte markieren Sie die betreffenden Stellen und erklären Sie, warum man sie nicht braucht.

1. Elektrofahrräder als Dienstfahrzeuge
   Der Mensch in der heutigen Zeit möchte es gerne bequem haben. Deshalb ist das Auto so beliebt. Es ermöglicht einem, ohne Umwege und ohne Unterbrechung von Tür zu Tür zu gelangen. Allerdings hat die wachsende Beliebtheit dazu geführt, dass unsere Städte unter der Verkehrsbelastung leiden. Sie sind verstopft und verschmutzt, und das mindert die Lebensqualität. Deshalb muss verstärkt über andere Transportmittel nachgedacht werden. Das Elektrofahrrad ist eine gute Alternative.

2. Immobilien als Kapitalanlage
   Immobilien sind sowohl bei privaten als auch bei institutionellen Anlegern immer stärker gefragt. Die Anleger sehen vor allem die Sicherheit der Anlageform, die Steuervorteile und – bei Vermietung und Verpachtung – die kontinuierlichen Einnahmen. Doch diesen Vorteilen stehen Risiken gegenüber, die häufig unterschätzt werden.
   Ich werde in dieser Arbeit Chancen und Risiken der Kapitalanlage in Immobilien gegenüberstellen und insbesondere auf das Problem der Wertermittlung eingehen. Auf die vergleichende Bewertung anderer Anlageformen allerdings werde ich verzichten, denn sie würde den Rahmen dieser Arbeit sprengen.

3. Agatha Christies Detektiv-Figuren
   Jeder, der gerne Detektivgeschichten und Kriminalromane liest, weiß, dass der typische Detektiv zwei wesentliche Merkmale hat: Erstens ist er exzentrisch. Das bedeutet laut *Duden, Das große Fremdwörterbuch,* „außerhalb des Mittelpunktes liegend". Sherlock Holmes etwa liegt, wenn er keine Fälle zu lösen hat, auf seinem Sofa, nimmt Drogen und schießt Löcher in die Wand. Zweitens ist der Detektiv bei der Arbeit ein logischer Denker. Er beobachtet scharf, analysiert, was er sieht, und zieht Schlussfolgerungen.

Zweite Übung

Die folgenden Sätze enthalten die beliebtesten Füllwörter und Floskeln überhaupt. Bitte streichen Sie die.

1. Agatha Christie ist gewissermaßen die „Queen of Crime".
2. Zwischen 1920 und 1976 veröffentlichte sie 66 Kriminalromane. Diese wurden in 45 Sprachen übersetzt und in über zwei Milliarden Exemplaren verkauft. Damit ist Agatha Christie definitiv die meistgelesene Romanautorin der Geschichte.
3. An dieser Stelle muss auch einmal gesagt werden, dass Kriminalromane ein sehr gemischtes Publikum ansprechen.
4. Irgendwie sind die Lust am Rätseln und das Interesse an Fragen von Gut und Böse quer durchs Volk verbreitet.
5. Hinzu kommt, dass Kriminalromane eine verlässliche Ordnung aufweisen, die vielen anderen Romanen der Moderne und Postmoderne total abhanden gekommen ist.
6. In einem Kriminalroman weiß man voll und ganz, worum es geht: Es ist ein Verbrechen geschehen, und das muss aufgeklärt werden.
7. In manch anderem Roman ist man absolut verloren: Man weiß nicht, was die Frage ist, und kann deshalb auch keine Antwort suchen.
8. Mehr als jede andere Gattung überwinden Kriminalromane den Unterschied zwischen Schundliteratur und hoher Literatur. Eigentlich gibt es nur ein trennendes Merkmal: Die gebildeten Leser konsumieren die Romane nicht nur, sie schreiben sie auch.
9. Als Erfinder der Detektivgeschichte gilt Edgar Allan Poe. Er selbst führte seine Erfindung nur viermal aus und wandte sich dann völlig anderen Themen zu.
10. Der erste Autor, der Poes Erfindung sozusagen im großen Stil umsetzte, war Arthur Conan Doyle.

Dritte Übung

In den folgenden Sätzen sind etliche Wörter breitgetreten. So kann man etwa aus einer *Perspektive* eine *Zukunftsperspektive* machen (und acht Buchstaben dabei herausschlagen) oder aus dem einfachen Verb *reisen* das Funktionsverbgefüge *eine Reise tätigen*. Bitte markieren Sie diese gestreckten Formen und setzen Sie die nahe liegenden einfachen Wörter ein.

1. Es ist in keinster Weise vertretbar, dass ausgerechnet an der Lehre gespart wird.
2. Zielsetzung der Politik muss es sein, möglichst vielen jungen Menschen zu einem guten Start ins Berufsleben zu verhelfen.
3. Das heißt nicht, dass der Bereich der Forschung vernachlässigt werden kann.
4. Forschung und Lehre gegeneinander auszuspielen wäre unsinnig, zumal doch eine gegenseitige Bereicherung stattfinden soll.
5. Dieser Prozess der Bereicherung verlangt zwei gleich starke Partner.
6. Eine starke Forschung kann durch ihre Übersetzung in die Lehre nur Gewinn machen, denn oft sind gerade die unbefangenen Fragen der Studierenden der Lackmustest. Eine starke Lehre lässt Funken überspringen und beschert der Forschung ihren Nachwuchs.
7. Also sollte jede Hochschule dafür Sorge tragen, dass die Verknüpfung von Forschung und Lehre eine praktische Umsetzung erfährt.
8. Die Lehre sollte einer Evaluation unterzogen werden.
9. Die Tatsache, dass Lernvorgänge Zeit brauchen, müsste mehr Berücksichtigung finden.
10. Die Förderung individueller Forschungsinteressen wäre voranzutreiben.

18 Vereinfachen

Einfach, klar und knapp – so sollten Texte sein. Denn in dieser Form kann der Leser sie am besten aufnehmen und verarbeiten. Einfachheit gehört nachweislich zu den wesentlichen Kriterien für die Verständlichkeit. Die wiederum brauchen Sie, um sich und Ihre Ideen durchzusetzen.

Im Studium werden Sie es immer wieder mit Texten zu tun haben, die gerade das Gegenteil von einfach sind: unnötig kompliziert. Das hat seinen Grund im Wissenschaftsbetrieb. Wer da etwas werden will, braucht Publikationslisten. Je länger, desto besser. Also wird viel geschrieben, notfalls auch ohne nennenswerten Gehalt. Da kann es sogar von Nutzen sein, wenn kompliziert mit komplex verwechselt wird – und niemand so ganz genau hinschaut. Häufig geht diese Rechnung auf. Unter den meisten anderen Umständen jedoch schreibt man, um verstanden zu werden. Und daraus ergibt sich das Gebot „Mach es einfach!"

Das Einfache soll den Text auf allen Ebenen prägen. Es betrifft die Struktur, die Auswahl der Bilder und Beispiele, den Satzbau und die Wortwahl. In diesem Baustein können Sie üben, beim Schreiben sicher auf das Einfache zu zielen.

Übungen

Erste Übung

Die folgenden Sätze enthalten Wörter, die aus unterschiedlichen Gründen das Lesen erschweren. Bitte ersetzen Sie diese durch Formulierungen, die leicht und unmissverständlich zu lesen sind.

1. Kapitel 1 generiert einen Einblick in die Problemstellung, das Ziel und den Aufbau der Arbeit.
2. Ein Information Overload auf Seiten der Konsumenten führt dazu, dass viele Kommunikationsmaßnahmen schon gar nicht mehr greifen.
3. Doch dieses Auto hat einen ikonischen Pop-Kult-Status erreicht.
4. Designed und gebaut wurde das Auto in München.
5. Die hohe Frequenz der Reklamationen hat dem Produkt bislang nicht geschadet.
6. Es wurde eine der besten Merchandisingagenturen beauftragt.
7. Sie spricht vor allem webbeinflusste Menschen an.
8. Verbindungen aus dem Englischen werden in der Regel dem deutschen Usus angepasst.
9. Bei unübersichtlichen Zusammensetzungen wird die Schreibung mit Bindestrich favorisiert.
10. Der Juniorchef investiert viel Zeit und Geld in die Promotion.

Zweite Übung

Die folgenden Sätze sind umständlich formuliert und daher schlecht zu lesen. Bitte machen Sie daraus Sätze, die man leichter liest. Das erreichen Sie, indem Sie kürzen, den Satzbau ändern und Wörter austauschen. Ein Tipp zum Vorgehen: Nehmen Sie sich die Sätze mehrmals vor. Fragen Sie nach jeder Version, ob es nicht *noch* einfacher geht.

1. Die vorliegende Arbeit wurde angeregt durch eine Diskussion über die Notwendigkeit der Einführung eines gesetzlichen Feiertags zum Internationalen Frauentag.
2. Die Zielsetzung der Arbeit wird durch die Beantwortung der oben aufgeworfenen Fragen erreicht.

3. Wenn auch die Gleichstellung der Geschlechter in unserem Bundesland de jure gegeben ist, so existiert in diesem Bereich doch immer noch eine beträchtliche Kluft zwischen Recht und Rechtswirklichkeit.
4. Nach wie vor ist zu konstatieren, dass Frauen gegenüber Männern in vielen Bereichen der Gesellschaft eine erhebliche Benachteiligung erfahren.
5. Eine strukturierte Personalentwicklung ist nicht nur wegen der aktuellen Wirtschaftskrise, sondern auch wegen der sich in den nächsten Jahrzehnten aus dem demographischen Wandel ergebenden Konsequenzen von höchster Relevanz.

Dritte Übung
Wenn Sie zu einem verkrampften Stil neigen, können Sie zur Auflockerung Folgendes tun: Stellen Sie sich als Gegenüber ein Kind vor, das immer gleich fragt: „Was heißt das?" Dann erklären Sie den Sachverhalt, bis das Kind ihn verstanden hat.

19 Korrektur lesen

Korrektur lesen heißt die endgültige Version des Textes auf Fehler durchsehen. Dabei soll nichts Grundsätzliches mehr in Zweifel gezogen und geändert werden; jetzt geht es um die Richtigkeit des Textes, der dasteht. Die kann das Rechtschreibprogramm allein nicht gewährleisten. Die abschließende kritische Prüfung des Textes ist *Ihre* Aufgabe.

Das Korrekturlesen ist eine besondere Art des Lesens. Es hat zwei Eigenheiten, an die man sich erst gewöhnen muss. Erstens liest man jedes Wort. Man springt nicht, wie man das sonst beim Lesen macht. Zweitens geht man davon aus, dass Fehler da sind. Sonst liest man ja eher mit der Einstellung, dass alles in Ordnung ist. Man muss also Wort für Wort wachsam sein, und das ist sehr anstrengend.

Sie können sich das Korrekturlesen erleichtern, indem Sie Folgendes beachten:
- Gehen Sie nicht unmittelbar vom Schreiben zum Korrekturlesen. Dazwischen sollte etwas Zeit liegen.
- Lesen Sie nicht am Bildschirm. Drucken Sie den Text aus – in einer angenehmen Schrift und mit genügend Zeilenabstand.
- Benutzen Sie ein Lineal, um nicht in den Zeilen zu verrutschen.
- Lesen Sie, wenn es Ihnen hilft, auch laut.
- Überprüfen Sie jede Stelle, an der Sie sich unsicher sind.
- Markieren Sie Fehler in einer deutlich erkennbaren Farbe. Machen Sie ein Korrekturzeichen an den Rand.

- Achten Sie darauf, dass Sie nach der Überprüfung an die richtige Stelle zurückkehren.
- Legen Sie eine Pause ein, wenn Sie merken, dass Ihre Aufmerksamkeit nachlässt.

Mit der Zeit werden Sie einen Blick entwickeln für Fehler, die immer wieder vorkommen. Das sind zum Beispiel fehlende Schlussbuchstaben (*etwa* statt *etwas*; *nicht* statt *nichts*), Wörter, die leicht verwechselt werden (*sie* statt *Sie*; *das* statt *dass*), oder Wörter, die beim Löschen übersehen worden sind und gar nicht mehr in den Text gehören.

Das Korrekturlesen ist generell unbeliebt. Es kommt kurz vor Schluss, und da will man lieber fertig werden als einen weiteren Arbeitsgang einlegen. Dennoch sollten Sie es sorgfältig angehen, denn es kann Ihnen viele peinliche Fehler ersparen. Deshalb sollten Sie es üben so wie alles andere auch.

Übungen

Erste Übung
Im folgenden Text sind zwölf Fehler enthalten. Bitte markieren Sie die.

Wenn es ums Korrektur lesen geht, sollten Sie auch über Teamarbeit nachdenken. Tun Sie sich mit einem Kommilitone zusammen und helfen sie sich gegenseitig. Jeder liest die Arbeiten des Anderen. Dadurch wird das Risiko der Betriebsbindheit minimiert. Allerdings ist eine solche Zusammenarbeit an eine ganze Reihe von Bedingungen geknüpft. Beide Beteiligten müssen zuverlässig sein. „Lesen und lesen lassen ist das Motto. Beide müssen in der Lage sein, sorgfältig zu arbeiten. Ein Hans Guck-in-die-Luft ist zum Korregieren schlicht nicht geeignet. Beide müssen mit Kritik umgehen können. Markierte Fehler sind markierte Fehler, nichts mehr und nicht weniger. Sie sind keine persönliche Beleidigung. Wichtig ist auch das organisatorische. Wer einen anderen um Hilfe bittet, muß ihm auch genug Zeit lassen diese Hilfe zu leisten. Man kann nicht erwarten, das jemand über Nacht zwanzig Seiten liest. Dazu braucht er schon etwas Vorlauf.

Zweite Übung
Bitte sehen Sie sich die Ergebnisse der ersten Übung an und sortieren Sie in zwei Gruppen: Fehler, die Sie übersehen haben, und Fehler, die Sie nicht erkannt haben. Letzteren sollten Sie nachgehen. Arbeiten Sie mit den entsprechenden Bausteinen im dritten Teil.

Teil III: Nachfassen

Was Sie schon immer einmal fragen wollten, aber nie gefragt haben – hier können Sie es nachholen. Vielleicht sind Sie bei der Zeichensetzung allein auf Ihr Bauchgefühl angewiesen. Oder Sie müssen zu lange nachdenken, bevor Sie sich für ein *dass* entscheiden. Oder Sie verbiegen und verrenken sich, nur um den Konjunktiv zu umgehen. Das alles kostet Zeit, ist ärgerlich – und muss nicht sein.

In diesem Teil können Sie Ihre heiklen Punkte bearbeiten. Dass die Punkte heikel sind, braucht Sie nicht zu genieren. Das ist nicht nur bei Ihnen so. Die deutsche Sprache *hat* Eigenheiten, die zunächst undurchsichtig scheinen. Das heißt aber nicht, dass man sie nicht durchschauen *kann*. Man muss nur sehr genau hinsehen.

Schauen Sie zunächst auf die Regeln. Wenn Sie die verstanden haben, legen Sie nach mit den Übungen. So können Sie einen heiklen Punkt nach dem anderen klären, und am Ende haben Sie den Kopf frei für die wirklich wichtigen Dinge.

Sechste Einheit: Rechtschreibung und Grammatik

Rechtschreibung und Grammatik gehören eng zusammen. Schließlich reicht es nicht, zu wissen, wie ein Wort im Wörterbuch steht; man muss auch erkennen, wie es sich im Satz verhält. Denn aus diesem Verhalten leiten sich Schreibweisen ab, so etwa die Groß- und Kleinschreibung oder die Getrennt- und Zusammenschreibung. Auch für die *das/s*-Frage und den Konjunktiv brauchen Sie die Grammatik.

In dieser Einheit können Sie Stolperstellen der Rechtschreibung und Grammatik glätten. Und da Sie beides zusammen bearbeiten, werden Sie noch tiefer in die Sprache eindringen. Dadurch werden Sie am Ende nicht nur weniger Fehler machen, sondern auch bewusster mit der Sprache umgehen. Beides wird Ihren Texten guttun.

20 Der s-Laut und andere Tücken

Siehe auch Deutsch fürs Studium, Baustein 2

Für den s-Laut gibt es drei Schreibweisen: *s*, *ss* und *ß*. Das stimmhafte *s* wird immer als einfaches *s* geschrieben. Beispiele sind *Hase, Sonne, Rosen.* Der stimmlose s-Laut dagegen tritt in allen drei Varianten auf:

- Der stimmlose s-Laut wird als *ß* geschrieben, wenn ihm ein langer Vokal oder Doppellaut vorausgeht und im Wortstamm kein weiterer Konsonant folgt. Beispiele sind *Straße, Gruß, außer, er maßte sich etwas an.*
- Der stimmlose s-Laut wird als *ss* geschrieben, wenn ihm ein kurzer Vokal vorausgeht und im Wortstamm kein weiterer Konsonant folgt. Beispiele sind *Strass, Guss, Masse, er musste.*
- Der stimmlose s-Laut wird als einfaches *s* geschrieben, wenn er in Verbindung mit anderen Konsonanten nach einem kurzen Vokal steht. Beispiele sind *Gast, Wespe, Raps, Mast.* Ebenfalls mit *s* schreibt man Substantive mit der Endung *-nis*: *Ereignis, Hindernis, Zeugnis.*

Siehe Baustein 24

Mit diesen Grundregeln können Sie die meisten Fälle sicher entscheiden. Achten Sie bitte auch immer darauf, mit was für einem Wort Sie es überhaupt zu tun haben. Manche Wörter sind sich zum Verwechseln ähnlich: *er ist / er isst, du hast / du hasst, fast /*

er fasst; bis / der Biss; weise / weiß. Das und *dass* stehen auf einem eigenen Blatt

Abgesehen vom s-Laut muss man auch bei anderen Konsonanten manchmal überlegen, ob sie einfach geschrieben oder verdoppelt werden. In Wörtern deutscher Herkunft wird ein Konsonant in der Regel dann verdoppelt, wenn er auf einen betonten kurzen Vokal folgt. Deshalb gibt es *Barren* (nach kurzem *a*) im Gegensatz zu *Barem* (nach langem *a*), *Robben* (nach kurzem *o*) im Gegensatz zu *Roben* (nach langem *o*). Das *k* wird nicht verdoppelt, sondern in ein *ck* umgewandelt. Das wären *Hacken* im Gegensatz zu *Haken*. Wörter fremder Herkunft spielen bei dieser Verdoppelungsregel nicht immer mit. Deshalb verschicken Sie zum einen *Pakete* (aus dem französischen *paquet*), zum anderen *Päckchen* (aus dem deutschen *Packen*).

Wenn drei gleiche Buchstaben aufeinandertreffen, werden alle drei ausgeschrieben: *Pass + Straße* → *Passstraße*. An den Schnittstellen können Sie auch einen Bindestrich setzen. Dann hätten Sie eine *Pass-Straße*.

Übungen

Erste Übung
Bitte schließen Sie die Lücken: mit einem einfachen *s*, einem Doppel-*s* oder einem *ß*. Bei Zusammensetzungen können auch drei *s* hintereinander vorkommen.

1. Auch in diesem Jahr hat Theo den Entschlu[___] gefa[___]t, in der Fa[___]tenzeit auf Sü[___]igkeiten zu verzichten. Durch den Verzicht, so sagt er, mache er sich die eigene Lebenswei[___]e bewu[___]t. Er i[___]t dann nicht nebenbei und achtlos, sondern mi[___]t dem E[___]en mehr Bedeutung bei. Das steigert sogar noch den Genu[___].
2. Viele Menschen e[___]en kein Fleisch, weil sie die Mi[___]tände in der Ma[___]entierhaltung nicht noch unterstützen wollen. Ma[___]ttiere leiden unendliche Qualen. Das ergibt sich schon aus den Ma[___]en des Raumes, der ihnen zugestanden wird.
3. Bis Ende 2008 sa[___]en je vier Legehennen in einem kleinen Käfig. Dieses Haltungssystem mu[___]te geändert werden. Jetzt hei[___]en die Käfige „Kleinvolieren", sind grö[___]er, aber halten mehr Tiere.
4. Wohnungen in Hochschulnähe sind hei[___] begehrt; darum rei[___]en sich alle. Wohnungen im Stadtbu[___]bereich sind auch gut, dann hat man alle zehn Minuten Anschlu[___]. Wenn die Anrei[___]e mit Bu[___]en zu umständlich ist, verlä[___]t manch einer sich lieber aufs Auto.

5. Wer weit au[ß]erhalb wohnt, ist vielleicht aufs Auto angewie[s]en. Das führt besonders in Sto[ß]zeiten öfter mal zu Stre[ss]ituationen. Nur selten flie[ß]t der Verkehr ohne Störungen. Mit einem Leitsystem mü[ss]te der Verkehrsflu[ss] besser zu steuern sein. Auch bessere Bahnverbindungen wären ein guter Kompromi[ss]. Mit einem kleinen Imbi[ss] und guter Lektüre macht Zugfahren richtig Spa[ß].

Zweite Übung
Bitte entscheiden Sie, ob die eingeklammerten Buchstaben einfach, doppelt oder dreifach zu schreiben sind. Am besten schreiben Sie die Wörter als Ganzes auf.

1. Den Ko[m]i[l]itonen _____, mit dem ich im ersten Semester immer gelernt habe, sehe ich kaum noch.

2. Wir haben viele Para[l]e[l]veranstaltungen _____ belegt.

3. Was wir in der letzten Stunde besprochen haben, lässt sich leicht resü[m]ieren _____.

4. Es war nicht sehr ko[m]pliziert _____.

5. Ich habe alle Punkte im Konzept durchnu[m]eriert _____.

6. Manchmal will man nur noch den Ro[l]aden _____ herunterlassen und sich das Be[t]uch _____ über den Kopf ziehen.

7. Besser ist es, sich der Konku[r]enz _____ zu stellen.

8. Ein Spieler in unserer Mannschaft wird eines Tages noch zur Fußba[l]egende _____.

9. Das letzte Stück der Strecke bis zum Hotel konnten wir nur im Schri[t]empo _____ fahren.

10. Doch in der schn[e]rhellten _____ Landschaft war selbst das ein Erlebni[s] _____. Solche Erlebni[s]e _____ vergi[s]t _____ man nie.

Dritte Übung

Es gibt ein paar Wörter und Wortbestandteile, die chronisch verwechselt und falsch geschrieben werden. In der folgenden Gegenüberstellung sind solche Wörter in Sätze eingebaut. Bitte überlegen Sie, wie Sie diese Wörter auseinanderhalten können. Sie können die Unterschiede beschreiben, Regeln formulieren oder auch Eselsbrücken bauen. Hauptsache, Sie merken sich die richtigen Schreibweisen.

1	Ihr seid herzlich eingeladen.	Ich warte seit zwei Stunden.
2	Wir werden den Stoff wiederholen.	In dem Roman werden die sozialen Verhältnisse widergespiegelt.
3	Ich habe so viel gelesen, dass ich gut Bescheid weiß.	Soviel ich weiß, hat der Autor das selbst erlebt.
4	Das Buch, in dem der Autor seine Wanderjahre beschreibt, wurde zum Bestseller.	Der Autor betont das Subjektive, indem er einen Ich-Erzähler einsetzt.
5	Ich habe die Stelle endgültig abgesagt.	Für ein solches Entgelt kann ich nicht arbeiten.
6	Manch einer macht gute Miene zum bösen Spiel.	Sämtliche Minen in dieser Region wurden stillgelegt.

Vierte Übung

Im folgenden Text sind etliche Wörter falsch geschrieben. Bitte berichtigen Sie die Fehler.

Früher hörte man in den Hörsäälen Stricknadeln klappern, heute klimpern viele Studierende auf ihren Laptopps. Zu Beginn der Veranstaltung wird das Gerät aufgeklappt, und dann werden eifrig Notitzen gemacht. Namen, die man nicht kennt, kann man googeln. Überhaupt kann man viele Fackten auf der Stelle verifizieren. Viele Professoren unterstützen dieses Vorgehen, in dem sie ihr Material vor der Veranstaltung ins Netz stellen. Die Studierenden können es dann während der Vorlesung um ihre eigenen Gedanken ergänzen. Insofern ist der Laptopp ein sehr nützliches Arbeitsinstrument.

Doch hier heisst es aufgepaßt! Der Laptopp ist nämlich auch eine ständige Versuchung. Warum sollte man nicht schnell einmal eine Mail beantworten? Das ist warlich kein großer Akt. Oder man schreibt einen Bloggbeitrag, den man sich nicht verkneifen kann. Oder man ruft die Ergebnise des Fußballänderspiels ab. Natürlich hält man sich auch politisch auf dem Laufenden. Nur bei der Vorlesung, da hat man leider den Anschluß verloren. So ist es kein Wunder, dass Lehrkräfte dem Laptopp mit Mißtrauen begegnen. Das Thema Laptopp ist – im Gegensatz zu den Stricknadeln – noch lange nicht abgehackt.

21 Groß- und Kleinschreibung

Siehe auch *Deutsch fürs Studium,* Baustein 18

Die Groß- und Kleinschreibung ist ein weites Feld, das man aber sehr gut bearbeiten kann, wenn man es aufteilt. Das mit Abstand größte Gebiet gehört den Substantivierungen.

Substantivierungen lassen sich am besten über das Substantiv erklären. Das Substantiv ist die einzige Wortart, die großgeschrieben wird. Allerdings können Wörter der anderen Wortarten im Satz die Rolle eines Substantivs übernehmen. Diesen Funktionswechsel und sein Ergebnis nennt man *Substantivierung*. Substantivierungen werden genau wie Substantive behandelt, also auch großgeschrieben. Beispiel: *Ich esse einen Apfel. Beim Essen verschlucke ich mich.*

Ein zweites Gebiet gehört den Namen: Namen von Personen, Institutionen, besonderen Ereignissen, einmaligen Objekten oder geografischen Einheiten. Namen schreibt man grundsätzlich groß. Ableitungen von geografischen Namen auf *-er* schreibt man ebenfalls groß (*die Frankfurter Hochschulen*); Ableitungen auf *-isch* dagegen schreibt man klein (*die französischen Partnerhochschulen*).

Ein drittes Thema sind die Zeitangaben. Hier kommt es darauf an, Substantive und Adverbien zu unterscheiden. Substantive werden in vielen Fällen durch einen Artikel oder ein Pronomen angezeigt: *der Donnerstag, eines Donnerstags, am Donnerstagmorgen, jeden Donnerstagmorgen.* Die entsprechenden Adverbien erkennen Sie am Endungs-s: *donnerstags, donnerstags abends, donnerstagabends.* Die Tageszeit nach Adverbien wie *gestern, heute, morgen* wird als Substantiv gesehen: *gestern Abend, heute Morgen, morgen Mittag.*

Das vierte Thema schließlich sind die Anreden. Das Anredepronomen *Sie* schreibt man groß. Das gilt auch für alle gebeugten Formen und für die Possessivpronomen, die sich darauf beziehen. Die vertraulichen Anreden *du* und *ihr* schreibt man klein; in Briefen jedoch kann man sie auch großschreiben.

Baustein 21: Groß- und Kleinschreibung   77

In diesen vier Themen sollten Sie Sicherheit haben. Was dann noch an Zweifelsfällen kommt, können Sie nachschlagen.

Übungen

Erste Übung
In den folgenden Beispielsätzen geht es um die Substantivierung von Verben und Adjektiven. Bitte entscheiden Sie, ob die Wörter, die in Großbuchstaben dastehen, groß- oder kleingeschrieben werden.

1. Gestern hat Ulrich das NEUESTE _____ von der Arbeit erzählt. Beim ERZÄHLEN _____ haben wir zwei Flaschen Wein getrunken.

2. Heute habe ich das TRINKEN _____ bereut, denn es hat mich vom ARBEITEN _____ abgehalten.

3. Dafür muss ich morgen mehr ARBEITEN _____.

4. Ulrich sagt, die Umsätze seien die NIEDRIGSTEN _____ seit Jahren. Es gehe jetzt ums ÜBERLEBEN _____.

5. Alle sind sich über die Schwierigkeiten im KLAREN _____. Was sie am DRINGENDSTEN _____ brauchen, ist eine KLARE _____ Sicht der Dinge. Das Gespräch gestern hat noch sehr viel UNKLARES _____ offenbart.

6. Der NEUE _____ Chef hat einige Änderungsvorschläge mitgebracht. Der ALTE _____ war eher konservativ. Deshalb wird es den Mitarbeitern der ALTEN _____ Garde am LIEBSTEN _____ sein, wenn alles beim ALTEN _____ bleibt.

7. Es gibt auch POSITIVES _____ zu berichten. Ulrich hat sich das RAUCHEN _____ abgewöhnt. Stattdessen geht er LAUFEN _____.

8. Mir ist am LAUFEN _____ jeglicher Spaß vergangen, seit ich von einem VERRÜCKTEN _____ belästigt worden bin. Da denkt man, beim LAUFEN _____ lässt sich der Stress am BESTEN _____ abbauen, und am Ende kommt man mit doppeltem Stress zurück.

9. Jetzt gehe ich zum TRAINIEREN _____ in die Sporthalle. Dort sind die Leute nur VERRÜCKT _____ nach Sport, und damit kann ich LEBEN _____.

10. In der Mittagspause esse ich immer etwas LEICHTES _____, denn SCHWERES _____ ESSEN _____ macht MÜDE _____. Ich gehe auch gerne ins FREIE _____ und tanke FRISCHE _____ Luft. Dann kann ich in aller FRISCHE _____ weiterarbeiten.

Zweite Übung
Im folgenden Text sind alle Wörter außer denen am Satzanfang kleingeschrieben. Bitte markieren Sie, wo Großschreibung angesagt ist. Denken Sie daran, dass die Substantivierung nicht auf Verben und Adjektive beschränkt ist; auch andere Wörter können substantiviert werden.

1. Immer öfter bekommt man beim einkaufen die missstände in der branche zu spüren.
2. Erst vor kurzem ging ein lautes ach und oh durch die presse, als die arbeitsbedingungen bei einer handelskette aufgedeckt wurden.
3. Nach deren darstellung könnte man denken, jeder zweite, der dort arbeitet, sei ein betrüger.

4. Dabei sollte man eher den gedanken verfolgen, warum ein arbeitgeber von vornherein lieber das gegeneinander als das miteinander pflegt.
5. Warum stellt jemand überhaupt personal ein, zu dem er nicht ohne wenn und aber stehen kann?
6. Er wird sich das für und wider gut überlegt haben.
7. Das einzige, was für ein solches vorgehen spricht, ist der unmittelbare gewinn.
8. Der betrieb zahlt hungerlöhne. Dafür nimmt er jeden, den er kriegen kann.
9. Kurzfristig mag er damit geld sparen.
10. Doch langfristig wird es sich nicht rechnen, lauter unzufriedene an bord zu haben.

Dritte Übung

In dieser Übung geht es um Namen und Ableitungen von Namen. Manchmal besteht die Schwierigkeit schon darin, zu erkennen, was überhaupt ein Name ist. Bitte entscheiden Sie für die Wörter in Großbuchstaben, ob sie groß- oder kleinzuschreiben sind.

1. Unsere POLNISCHEN _____ Kommilitonen erzählen haarsträubende WARSCHAUER _____ Gruselgeschichten.

2. Sie könnten einen Erzählabend beim DEUTSCHEN _____ Polen-Institut in Darmstadt anbieten.

3. Ein Kommilitone aus dem THÜRINGER _____ Wald ist zum FRANKFURTER Touristenführer avanciert.

4. Seine Kunden machen SEGWAY-TOUREN _____ durch Frankfurt.

5. Das WIESBADENER _____ Kurhaus ist eine von vielen HESSISCHEN _____ Attraktionen. Auch auf der RHEINLAND-PFÄLZISCHEN _____ Seite gibt es viel zu sehen. Der MAINZER _____ Dom etwa ist immer einen Besuch wert.

6. Der ERSTE _____ Mai ist ein typischer Ausflugstag. Allerdings muss das Wetter mitspielen. Vor drei Jahren hatten wir den ERSTEN _____ Mai, seit ich mich erinnern kann, in dem es fast vier Wochen lang geregnet hat.

7. Auch der Tag der DEUTSCHEN _____ Einheit bietet sich in manchen Jahren für Spritztouren an.

8. Letztes Jahr am 3. Oktober habe ich den SCHIEFEN _____ Turm von Pisa gesehen.

9. Allerdings musste ich unterwegs auch etwas für meine Abschlussarbeit tun: Ich habe ein Buch über Friedrich DEN GROSSEN _____ und den SIEBENJÄHRIGEN _____ Krieg gelesen.

10. Einen Tag vor dem HEILIGEN _____ Abend war meine Abschlussarbeit fertig.

Vierte Übung
Hier geht es um Wochentage und Tageszeiten in allen möglichen Kombinationen. Bitte bringen Sie das, was in Großbuchstaben aneinandergereiht ist, in die richtige Form. Achten Sie dabei auch auf die Getrennt- und Zusammenschreibung.

1. Der DIENSTAG _____ ist bei mir vollkommen ausgebucht.

2. Es geht DIENSTAGSMORGENS _____ mit einem Niederländisch-Kurs los.

3. Letzten DIENSTAGMORGEN _____ allerdings ist der Kurs ausgefallen.

4. Deshalb musste ich GESTERNABEND _____ den Stoff von vor zwei Wochen wiederholen.

5. Meistens sehe ich mir ohnehin DIENSTAGMORGENS _____ vor dem Kurs die Übungen noch einmal an.

6. Eines DIENSTAGMORGENS _____, als ich so allein über meiner Wiederholung saß, kam Frau de Vries schon dazu und erzählte vom Königinnentag in Amsterdam.

7. So hatte ich schon FRÜHMORGENS _____ als Erstes eine Stunde Landeskunde.

8. Der DIENSTAGMITTAG _____ ist für meine Freundin Lili reserviert.

9. Wir essen zusammen zu MITTAG _____.

10. Lili hat nur MITTAGS _____ ein Stündchen Ruhe, weil dann die Kinder schlafen.

11. Wenn ich Zeit habe, bleibe ich auch DIENSTAGNACHMITTAGS _____.

12. Doch in der Regel habe ich am NACHMITTAG _____ eine Vorlesung nach der anderen.

13. Jeden DIENSTAGABEND _____ sehe ich meine Lieblingsserie im Fernsehen.

14. Dafür stehe ich MORGEN _____ in aller FRÜHE _____ auf.

15. Am MITTWOCHVORMITTAG _____ gehe ich in die Bibliothek.

Fünfte Übung

Hier geht es um Anreden und die grammatischen Folgen. Die meisten Fehler entstehen dadurch, dass Pronomen nicht richtig zugeordnet werden. Großgeschrieben werden nämlich nur die Possessivpronomen, die sich auf die mit *Sie* oder einem großen *Du* oder *Ihr* angeredeten Personen beziehen. Was sich auf Dritte bezieht, wird kleingeschrieben. Bitte bringen Sie die Pronomen in die richtige Form.

1. Hallo, Xenia, hast DU _____ schon etwas von den anderen gehört? Sie müssten auch bald mit IHREM _____ Teil fertig sein. Wenn DU _____ Yvonne siehst, kannst DU SIE _____ ja fragen, ob es bei unserem Termin bleibt. Sie ist zurzeit schlecht zu erreichen, da SIE IHR _____ Handy verloren hat.

2. Sehr geehrte Frau de Vries, wir möchten SIE _____ etwas fragen zu IHREM _____ Dienstagskurs. Der beginnt um 10:00 Uhr. Nun hat Frau Williams, die in der Einheit vorher unterrichtet, IHREN _____ Kurs um eine Viertelstunde nach hinten verlegt. Er geht jetzt bis um 10:00 Uhr. Wir würden also immer verspätet bei IHNEN _____ ankommen. Das wäre unangenehm für SIE _____ und für uns. Sie müssten SICH _____ wiederholen, oder wir könnten IHNEN _____ nicht folgen. Frau Williams sagt, SIE _____ könne IHRE _____ Verlegung nicht rückgängig machen. Daher unsere Frage an SIE _____: Könnten SIE IHREN _____ Kurs ebenfalls nach hinten verschieben? Dann würde wieder alles passen.

3. Lieber Herr Zett, könnten SIE _____ uns bitte morgen mit IHREM _____ Laptop aushelfen? Die Kollegin Abel musste IHR _____ Gerät zur Reparatur geben. Bitte melden SIE SICH _____ bei Frau Abel und sagen SIE IHR _____ Bescheid.

4. Wir bitten SIE_____ noch einmal, IHRE _____ Hunde an die Leine zu nehmen. Die Tiere erledigen IHR _____ Geschäft nämlich vorzugsweise in den Grünanlagen. Dort haben auch die Kinder IHREN _____ Spielplatz.

5. Mit Fragen und Anregungen wenden SIE SICH _____ bitte an unseren Kundenservice. Die Kollegen helfen IHNEN _____ gerne weiter.

22 Getrennt- und Zusammenschreibung

Die Getrennt- und Zusammenschreibung ist ein schwieriges Gelände, auf dem immer wieder Zweifelsfälle auftauchen. Die schlagen Sie am besten nach. Wenn selbst das Wörterbuch und das Regelwerk keine eindeutigen Antworten geben, ist die Entscheidung über die Schreibweise Ihnen überlassen.

Siehe auch *Deutsch fürs Studium,* Baustein 19

Damit Sie nicht zu viel nachschlagen müssen, sollten Sie die Regeln kennen, die einen großen Geltungsbereich haben. Sie sollten wissen, wie der Infinitiv mit *zu* bei Verben mit Verbzusatz gehandhabt wird, wie das Verb sich zusammen mit anderen Verben, mit Substantiven und Adjektiven verhält, wie Verbindungen mit Adjektiven und Partizipien geschrieben werden und wie Wortgruppen substantiviert werden. Damit wären Sie gut gerüstet.

Übungen

Erste Übung
Hier geht es um den Infinitiv mit *zu*. Bei einfachen Verben steht das *zu* für sich allein vor dem Infinitiv; bei Verben mit Verbzusatz schiebt sich das Infinitiv-*zu* zwischen den Zusatz und den Verbstamm. Das Ganze wird zusammengeschrieben: *Man kann sie schlecht auseinanderhalten.* → *Es ist schwierig, sie auseinanderzuhalten.* In manchen Konstellationen mag das befremdlich aussehen (etwa *zuzugeben, zurückzuweisen*), aber es ist richtig.

Fragen Sie also immer nach dem Ausgangsverb. Ist es ein einfaches Verb? Dann wird das Infinitiv-*zu* getrennt geschrieben: *Ich habe ihm nichts zu geben.* Oder ist es ein Verb mit Verbzusatz? Dann wird alles zusammengeschrieben: *Ich habe nichts zuzugeben.*

Sechste Einheit: Rechtschreibung und Grammatik

In den folgenden Sätzen sind die unterschiedlichsten Kombinationen mit *zu* in Großbuchstaben aneinandergereiht. Bitte entscheiden Sie, wie diese Sequenzen zu schreiben sind. Ein Tipp zum Vorgehen: Bei vergleichbaren Sätzen hilft auch lautes Vorlesen. Dabei können Sie Unterschiede *hören*.

Teil 1

1. Anna fährt mit dem Zug, statt ZUFLIEGEN _____.

2. Sie muss sich sehr anstrengen, denn es wird ihr sicher nichts ZUFLIEGEN _____.

3. Konntest du dich denn dazu durchringen, deine Teilnahme ZUZUSAGEN _____?

4. Ich habe vergessen, ihm ZUSAGEN _____, dass ich gerne mitmachen möchte.

5. Der Sachverhalt ist schwierig. Doch ich bemühe mich, es SOZUSAGEN _____, dass es jeder versteht.

6. Bertas Aufgabe ist es, der Presseabteilung ZUZUARBEITEN _____. Die Presseabteilung allerdings hat Schwierigkeiten, überhaupt ZUARBEITEN _____.

7. Im Nebenzimmer ist nichts ZUHÖREN _____.

8. Sie ist eine gute Gesprächspartnerin, denn sie kann ZUHÖREN _____. Er dagegen ist viel zu ungeduldig, um ZUZUHÖREN _____.

9. Ich kann heute nicht mitkommen ins Kino, denn ich habe viel ZUTUN _____.

10. Letzte Nacht war ich so aufgedreht, dass ich kein Auge ZUTUN _____ konnte.

Teil 2

1. Wir können Ihnen gerne Informationsmaterial ZUSCHICKEN _____.

2. Jetzt ist es zu spät, ihm das Material ZUSCHICKEN _____. Er ist schon unterwegs.

3. Drücken Sie die gelbe Taste, um zum vorhergehenden Menü ZURÜCKZUSPRINGEN _____.

4. Carla jobbt in einer Kneipe, um sich ein paar Euro DAZUZUVERDIENEN _____.

5. Was hast du DAZUZUSAGEN _____?

6. Es ist sehr angenehm, mit ihr ZUSAMMENZUARBEITEN _____.

7. Ich habe beschlossen, das mit ihr ZUSAMMENZUBEARBEITEN _____.

8. Die Kollegen haben auf Doras Geburtstag angestoßen, und ich bin vor lauter Telefonieren nicht DAZUGEKOMMEN _____, mich DAZUZUSETZEN _____.

9. Das Sortieren ist im Stehen sehr anstrengend. Du solltest dich DAZUSETZEN _____.

10. Ich habe ihn schon hundertmal gebeten, alle Fenster ZUZUMACHEN _____, bevor er geht. Doch da ist nichts ZUMACHEN _____. Er vergisst es jedes Mal.

Zweite Übung

Hier geht es um Kombinationen mit Verben. Die Kombination aus Verb + Verb schreiben Sie in der Regel getrennt: *essen gehen, laufen lassen*. Die Kombination aus Substantiv + Verb schreiben Sie getrennt, wenn das Substantiv als solches zu erkennen ist: *Maß nehmen*. Sie schreiben zusammen, wenn das Substantiv die Merkmale der Eigenständigkeit verloren hat: *maßregeln*. Die Kombination aus Adjektiv + Verb schreiben Sie getrennt, wenn jedes Wort seine eigene Bedeutung hat: *schwer arbeiten*. Sie können zusammenschreiben, wenn das Adjektiv sich nicht auf die Handlung, sondern auf das Ergebnis der Handlung bezieht: *fertigstellen oder fertig stellen*. Diese Option gilt allerdings nicht bei zusammengesetzten Verben (also nur getrennt: *fertig aufstellen*). Sie schreiben immer zusammen, wenn Adjektiv und Verb zusammen eine übertragene Bedeutung angenommen haben: *schwerfallen*.

Das sind nun viele Einzelheiten auf einmal. In den folgenden Sätzen können Sie deren Umsetzung üben. Bitte entscheiden Sie, wie die Sequenzen in Großbuchstaben zu schreiben sind.

1. Die Öffentlichkeit wird regen ANTEILNEHMEN _____ an dem Ereignis. Wir können davon ausgehen, dass viele Menschen an der Veranstaltung TEILNEHMEN _____.

2. Die Erkenntnisse sind beruhigend, doch für die politische Debatte kann niemand daraus HONIGSAUGEN _____.

3. Wegen der Großbaustelle in der Nachbarschaft sollten Sie täglich STAUBSAUGEN _____.

4. Das ist LEICHTGESAGT _____. Emil wird sich mit dieser Aufgabe nicht gerade LEICHTTUN _____.

5. Fridolin ist aus Versehen SCHWARZGEFAHREN _____; er hatte sein Studententicket zu Hause LIEGENLASSEN _____.

6. Gundel ist in einer Gothic-Phase. Sie hat ihr Haar SCHWARZGEFÄRBT _____ und ihr Zimmer SCHWARZANGESTRICHEN _____.

7. Das wird ihr noch LEIDTUN _____; sie wird bald nur noch SCHWARZSEHEN _____.

8. Niemals würde sie jemandem LEIDANTUN _____.

9. Der Sonntag wird frostig schön: Nachmittags gehen wir EISLAUFEN _____; für abends kannst du Sekt KALTSTELLEN _____.

10. Ich will nicht SCHLITTSCHUHLAUFEN _____, sondern lieber SPAZIERENGEHEN _____.

Dritte Übung
Hier geht es um Adjektive und Partizipien. Das Adjektiv verbindet sich mit gleichrangigen oder verstärkenden Adjektiven: *nasskalt, dunkelblau*. Es bildet mit Substantiven Zusammensetzungen, die für Wortgruppen stehen: *rubinrot* (= *rot wie ein Rubin*), *meilenweit* (= *mehrere Meilen weit*). Das Gleiche machen auch Partizipien: *freudestrahlend* (= *vor Freude strahlend*), *himmelschreiend* (= *zum Himmel schreiend*). In diesen Fällen wird gegenüber der zugrunde liegenden Wortgruppe etwas eingespart. Verbindungen mit *nicht* können Sie getrennt oder zusammenschreiben: *nicht öffentlich* oder *nichtöffentlich*. Die Wahl haben Sie auch bei Partizipien, die gegenüber der zugrunde liegenden Wortgruppe nichts einsparen: *allein erziehen* → *allein erziehend* oder *alleinerziehend*.
   Bitte wenden Sie diese Regeln auf die Sätze unten an und entscheiden Sie, wie die Sequenzen in Großbuchstaben zu schreiben sind. Ein Hinweis zur Rechtschreibung: In Großbuchstaben wird das *ß* als *SS* wiedergegeben; in normaler Schrift werden *ß* und *ss* dann wieder unterschieden.

1. Heinrich hat sich für sein Vorstellungsgespräch einen BLAUGRAUEN _____ Anzug gekauft. Sein DUNKELBLAUER _____ Anzug ist ihm zu eng.

2. Er ist sehr REDEGEWANDT _____; zudem hat er sich ein ERFOLGVERSPRECHENDES _____ Konzept überlegt.

3. Er hat mir neulich eine HERZZERREISSENDE _____ Geschichte erzählt. Sie war ERGREIFENDSCHÖN _____, aber nicht wahr.

4. Ich habe ihm diese WUNDERSCHÖNEN _____ Geschichten JAHRELANG _____ geglaubt. Wir haben drei JAHRELANG _____ zusammengewohnt.

5. Das muss eine NERVENAUFREIBENDE _____ Angelegenheit gewesen sein.

6. Wir kennen die STRESSAUSLÖSENDEN _____ Faktoren, also sind wir nicht mehr STRESSGEPLAGT _____.

7. Wir haben einen ENERGIESPARENDEN _____ Umgang miteinander entwickelt.

8. Anfangs haben wir über Kleinigkeiten gestritten, über BITTERSÜSSE _____ Schokolade, SÜSSSAUER _____ eingelegte Gurken und Messer aus NICHTROSTENDEM _____ Edelstahl.

9. Iris ist FESTANGESTELLT _____, hat also regelmäßige Einkünfte aus NICHTSELBSTSTÄNDIGER _____ Arbeit.

10. Sie ist HOCHBEZAHLT _____ und darüber HOCHERFREUT _____.

Vierte Übung
Hier geht es um die Substantivierung von Wortgruppen. In der Wortgruppe steht jedes Wort für sich: *Ich gehe Ski laufen.* Wird die Wortgruppe substantiviert, so werden ihre Glieder zusammengezogen und als Ganzes großgeschrieben: *Kommst du mit zum Skilaufen?* Die Regel ist einfach; die Schwierigkeit besteht wohl eher darin, die Substantivierung zu erkennen. Das können Sie nun üben. Bitte entscheiden Sie, wie die Sequenzen in Großbuchstaben zu schreiben sind.

1. Die Kinder sollten mehr OBSTESSEN _____. Wir überlegen, wie wir sie zum OBSTESSEN _____ animieren können.

2. Sie sollten auch mehr RADFAHREN _____ und öfter SCHWIMMENGEHEN _____.

3. Einige haben Spaß am FUSSBALLSPIELEN _____.

4. Beim ZUGFAHREN _____ habe ich neulich eine nette Engländerin kennen gelernt.

5. Wir sind zum PIZZAESSEN _____ und WEINTRINKEN _____ in den Speisewagen gegangen.

6. Die Engländerin bemerkte sogleich, dass das SCHLANGESTEHEN _____ bei uns nicht funktioniert.

7. Julia ist KAFFEEHOLEN _____ gegangen. Nach dem KAFFEETRINKEN _____ werden wir hellwach sein.

8. Wenn Sie noch zweimal LINKSABBIEGEN _____, sind Sie richtig. Wahrscheinlich haben Sie beim RECHTSABBIEGEN _____ das Schild übersehen.

9. Das Gesetz wird erst nächstes Jahr INKRAFTTRETEN _____. Mit dem INKRAFTTRETEN _____ wird sich einiges ändern.

10. Wenn Sie GETRENNTSCHREIBEN _____, achten Sie bitte auch auf die Groß- und Kleinschreibung.

23 Der Bindestrich

Siehe auch *Deutsch fürs Studium*, Baustein 20

Der Bindestrich tritt in drei Funktionen auf: zur Ergänzung, zur Aneinanderreihung und zur Verdeutlichung. Als Ergänzungszeichen zeigt der Bindestrich, dass bei Zusammensetzungen ein gleicher Bestandteil eingespart wird: *die Tag- und Nachtbereitschaft, im Haupt- und Nebenfach*. In der Aneinanderreihung ermöglicht der Bindestrich Verbindungen, die sonst schlecht lesbar wären, etwa solche mit Ziffern und Einzelbuchstaben (*1-zeilig, s-Laut*) sowie längere Zusammensetzungen (*die Januar/Februar-Ausgabe, Vitamin-B-haltig, die Ich-kann-nichts-dafür-Miene*). Innerhalb dieser Verbindungen werden nur die substantivischen Bestandteile großgeschrieben. Der Bindestrich zur Verdeutlichung fällt unter die Kann-Bestimmungen. Sie können ihn setzen, um die einzelnen Bestandteile deutlich herauszustellen. Das empfiehlt sich zum Beispiel bei Zusammensetzungen mit fremdsprachigen Bestandteilen: *das Fantasy-Spektakel*.

Alles in allem ist der Bindestrich ein nützliches Mittel, um die Lesbarkeit zu steigern. Mit den Übungen entwickeln Sie einen Blick dafür, wann er angesagt ist.

Übung

Bitte entscheiden Sie, wie die Sequenzen in Großbuchstaben zu schreiben sind: getrennt, zusammen oder mit Bindestrich. Da auch die Groß- und Kleinschreibung zu berücksichtigen ist, schreiben Sie die Wörter am besten aus. Achten Sie dabei auch auf die s-Laute. In Großbuchstaben wird das ß als SS wiedergegeben; in normaler Schrift werden ß und ss dann wieder unterschieden.

Teil 1

1. Die Stadt veranstaltet ein OPENAIRKURZFILMFESTIVAL _____ _____ im Schlosspark.

2. Junge Filmemacher präsentieren ihre Werke in bester TONUNDBILDQUALITÄT _____.

3. Eine Geschichte handelt von zwei Frauen, die Auswege aus dem HARTZIVDASEIN _____ suchen.

4. Eine SCIENCEFICTIONKOMÖDIE _____ verleitet HARDCOREFANS _____ zum Mitmachen.

5. Eindrucksvoll sind auch die Portraits mit MAKEUPFREIEN _____ _____ Gesichtern.

6. Zu etlichen Filmen gibt es MAKINGOFCLIPS _____ _____.

7. Mit seiner DIEANDERENSINDSCHULDHALTUNG _____ _____ ist er als Führungskraft ungeeignet.

8. Die BARACKOBAMAFREUNDLICHEN _____ Medien stellen den Vorgang anders dar.

9. Die 31JÄHRIGE _____ Frau wollte den Flüssigkeitsbehälter einer Petroleumleuchte auffüllen. Doch als sie die METHANOLPASTE _____ aus einem 5LITERGEFÄSS _____ hinzufügte, entzündete diese sich schlagartig.

10. Für das Kreuzfahrtschiff werden SEEERFAHRENE _____ _____ Animateure gesucht.

Teil 2

1. Anlässlich der 85. Jahresversammlung der Gesellschaft für HALSNASENOHRENHEILKUNDE _____ findet heute eine Pressekonferenz statt.

2. Die ENQUETEKOMMISSION _____ Migration tagt zum Thema „Sprache und Bildung".

3. Wiesbadener AMNESTYINTERNATIONALGRUPPEN _____ _____ organisieren den 35. Kunstmarkt für die Menschenrechtsarbeit.

4. Der SECHSSTREIFIGE _____ Ausbau des A3ABSCHNITTS _____ zwischen Frankfurt und Nürnberg gehört zu den Schwerpunktprojekten des Bundes in Bayern.

5. Als Beitrag zur Reduzierung des CO2AUSSTOSSES _____ _____ soll die VERKEHRSLENKUNGUNDÜBERWACHUNG _____ verbessert werden.

6. Das Projekt wird aus PRIVATUNDÖFFENTLICHENMITTELN _____ _____ finanziert.

7. Was hat SCHWARZGELB _____ aus der Regierungsmehrheit gemacht? Formiert sich eine ROTGRÜNE _____ _____ Koalition in der Opposition?

8. Bisher haben die ROUNDTABLEGESPRÄCHE _____ _____ keine konkreten Ergebnisse hervorgebracht.

9. Brustkrebs ist die häufigste Krebserkrankung bei Frauen. Durch das BRUSTKREBSSCREENINGPROGRAMM _____ soll die Früherkennung verbessert werden.

10. Das NONSTOPÜBEN _____ hat mich schon weitergebracht.

24 Das oder *dass*?

Die Wörter *das* und *dass* kommen häufig vor und sie werden häufig verwechselt. Dabei ist die Unterscheidung sehr einfach. Sie brauchen sich nur einmal die wesentlichen Merkmale klarzumachen und dann Ihren Blick dafür zu schärfen.

Siehe auch *Deutsch fürs Studium*, Baustein 16

Zunächst zum *das* mit einfachem *s*: Es kann Artikel sein oder Pronomen. Der Artikel *das* begleitet ein sächliches Substantiv: <u>*Das* Kind</u> lacht. Als Pronomen ist das *das* gleich zweimal vertreten: als Demonstrativpronomen und als Relativpronomen. Das Demonstrativpronomen *das* weist auf etwas hin: <u>*Das*</u> höre ich. Es hat kein unmittelbares Bezugswort, sondern bezieht sich auf eine Aussage im Text oder einen Sachverhalt in der Welt. Das Relativpronomen *das* leitet einen Nebensatz ein, der ein vorausgehendes Substantiv beschreibt: *Das Kind, <u>das</u> den Clown sieht, lacht*. Den Artikel *das* und das Pronomen *das* kann man durch *dieses*, *jenes* oder *welches* ersetzen: *<u>Dieses</u> Kind, <u>welches</u> den Clown sieht, lacht*.

Das *dass* mit Doppel-s ist eine Konjunktion. Es leitet einen Nebensatz ein: *Ich sehe, <u>dass</u> das Kind Spaß hat*. Dieser Nebensatz kann auch am Anfang stehen: *<u>Dass</u> das Kind Spaß hat, sehe ich*. Die Konjunktion *dass* ist durch kein anderes Wort zu ersetzen.

Das sind die Leistungen von *das* und *dass*. Nun können Sie üben, diese Leistungen zu unterscheiden.

Übung

Bitte setzen Sie das richtige *das/s* ein und geben Sie an, worum es sich handelt: um einen Artikel (A), ein Demonstrativpronomen (D), ein Relativpronomen (R) oder eine Konjunktion (K).

Teil 1

1. Ich glaube _____ (___) Gerede nicht.

2. Ich glaube, _____ (___) er seine Pläne umsetzen wird.

3. _____ (___) wiederum glaube ich nicht.

4. _____ (___) Geld, _____ (___) er dazu braucht, hat er noch lange nicht zusammen.

5. _____ (___) ihm da noch etwas einfällt, _____ (___) traue ich ihm schon zu.

6. Er ist pfiffig und findig, und _____ (__) zahlt sich aus.

7. Hinzu kommt, _____ (__) er sehr gut vernetzt ist.

8. _____ (__) Networking läuft bei ihm wie von selbst, denn er ist sehr gesellig.

9. Er kann jedes Gesicht wiedererkennen, _____ (__) er sich einmal eingeprägt hat.

10. Viele Menschen, die er anspricht, sind überrascht, _____ (__) er sie überhaupt kennt.

Teil 2

1. Kannst du _____ (__) nachvollziehen, _____ (__) er diese sichere Stelle aufgegeben hat?

2. _____ (__) die Stelle so sicher war, _____ (__) er sich gar keine Sorgen zu machen brauchte, _____ (__) glaube ich nicht.

3. Er hat mir einmal erzählt, _____ (__) _____ (__) Unternehmen ihn gerne ins Ruhrgebiet versetzen würde.

4. _____ (__) Unternehmen, _____ (__) keine Kredite mehr kriegt, muss Insolvenz anmelden. _____ (__) ist schlimm für die Beschäftigten.

5. Es ist umso schlimmer, als _____ (__) Ganze unerwartet kommt. Die Auftragslage ist gut; schlecht ist, _____ (__) viele Kunden nicht fristgerecht zahlen.

6. _____ (__) ist für viele Unternehmen ein Problem, _____ (__) sie kaum lösen können.

Baustein 24: *Das* oder *dass*?

7. _____ (__) Material, _____ (__) du mir letzte Woche mitgegeben hast, kann ich dir morgen zurückgeben. _____ (__), was für mich wichtig ist, habe ich mir kopiert.

8. Ohne _____ (__) Fördergeld hätten wir das Projekt abbrechen müssen.

9. Ohne _____ (__) wir zusätzliche Gelder gebraucht hätten, konnten wir das Projekt zu Ende führen.

10. _____ (__) _____ (__) Projekt, _____ (__) solche Startschwierigkeiten hatte, doch noch so erfolgreich wurde, _____ (__) hätte niemand gedacht.

Teil 3

1. Glaubst du, _____ (__) _____ (__) Ergebnis ihn zufrieden stellt?
2. Ich glaube, _____ (__) ist _____ (__) Beste, was ihm je passiert ist.
3. _____ (__) ihm nur _____ (__) Beste gut genug ist, hat sich bereits herumgesprochen.
4. _____ (__) Verhalten, _____ (__) er an den Tag legt, ist durch nichts zu rechtfertigen.
5. Er ist gegangen, ohne _____ (__) er sich von uns verabschiedet hätte.
6. Er ist gegangen, ohne _____ (__) Team kennen gelernt zu haben.
7. Wir bedauern, _____ (__) Sie mit unserer Ware nicht zufrieden sind.
8. Wir bedauern, _____ (__) Angebot nicht annehmen zu können.
9. Er nahm täglich ein starkes Medikament ein, ohne _____ (__) er nicht leben konnte.
10. Er nahm täglich ein starkes Medikament ein, ohne _____ (__) er je nach Alternativen gefragt hätte.

25 Indirekte Rede

Siehe auch *Deutsch fürs Studium*, Baustein 17

Die indirekte Rede ist das Gegenstück zur direkten oder wörtlichen Rede. Die direkte Rede gibt eine Äußerung im Originalton wieder. Das geht so: *Der Referent sagt: „Das System funktioniert gut."* In der indirekten Rede wird über diese Äußerung berichtet: *Der Referent sagt, das System funktioniere gut.* Durch das Prädikat im Konjunktiv ist die Aussage als indirekt markiert.

Der Konjunktiv stiftet zuweilen Verwirrung; er kommt nämlich in zwei Formen vor: als Konjunktiv I und Konjunktiv II. Der Konjunktiv I wird aus der 1. Stammform des Verbs abgeleitet: *ich sehe, du sehest, er sehe, wir sehen, ihr sehet, sie sehen.* Der Konjunktiv II wird aus der 2. Stammform abgeleitet: *ich sähe, du sähest, er sähe, wir sähen, ihr sähet, sie sähen.*

Die indirekte Rede bedient sich des Konjunktivs I, wenn dessen Formen eindeutig sind. Sind sie deckungsgleich mit den Formen des Indikativs Präsens, so weicht man aus auf den Konjunktiv II. Wenn dessen Formen aussehen wie die des Indikativs Präteritum oder aber veraltet wirken, kann man ausweichen auf die *würde*-Form.

Das heißt für Sie beim Schreiben: Im Hinterkopf vergleichen Sie immer die Konjunktivformen mit denen des Indikativs. Dazu ein Beispiel:

Indikativ	Konjunktiv I	Konjunktiv II
Ich *habe* Zeit.	Er sagte, ich *habe* Zeit. (**Diese Form sieht aus wie der Indikativ.**)	**Deshalb muss es heißen**: Er sagte, ich *hätte* Zeit.
Er *hat* Zeit.	Er sagte, er *habe* Zeit. (**Diese Form ist eindeutig.**)	**Deshalb ist der Konjunktiv II** (*hätte*) **nicht nötig.**

Dieses Abgleichen wird mit der Zeit zum Automatismus, sodass Sie es gar nicht mehr merken.

Noch ein Hinweis zur Wichtigkeit: Die indirekte Rede ist *sehr* wichtig. Schließlich stellt sie klar, wer was gesagt hat. Das zu unterscheiden ist eine Frage der Ehre und der Ehrlichkeit – sowohl in wissenschaftlichen Arbeiten als auch später im Beruf. Üben Sie also, bis Ihnen die indirekte Rede ganz natürlich aus der Feder fließt.

Baustein 25: Indirekte Rede

Übungen

Erste Übung
Bitte bringen Sie die eingeklammerten Verben in die richtige Konjunktivform. Einige Formen mögen Ihnen zunächst ungewöhnlich vorkommen, aber das macht sie nicht falsch. Gewöhnen Sie sich daran!

1. Heute steht in der Zeitung, die Vorstandsmitglieder [zurücktreten] _____.

2. Als Grund wird genannt, sie [es vorziehen] _____, einen Schlussstrich zu ziehen.

3. Die meisten Mitarbeiter sagten, sie [empfinden] _____ den Führungsstil als motivierend.

4. Die Führungskraft [führen] _____ vor allem durch ihr gutes Beispiel.

5. Mein Beifahrer klagte, ich [fahren] _____ zu schnell.

6. Er sagte, er [genießen] _____ die Landschaft. Ich erwiderte, ich [genießen] _____ das Vorankommen.

7. Er warf mir vor, ich [nehmen] _____ meinen Auftrag nicht ernst.

8. Er sagte, er [fliegen] _____ bereits am 15. in die USA; alle anderen [fliegen] _____ eine Woche später.

9. Zwei Kollegen erzählten, sie [verbinden] _____ die Reise mit einem Abstecher nach Houston.

10. Ich sagte, sie [beginnen] _____ am besten sofort mit den Vorbereitungen.

Zweite Übung

Ein großer Vorteil des Konjunktivs besteht darin, dass man längere Passagen als zusammenhängende indirekte Rede markieren kann. Bitte tun Sie das mit den folgenden Texten.

1. Die Opposition warf der Regierung vor, sie [vernachlässigen] _____ die soziale Gerechtigkeit. Die gesellschaftliche Teilhabe von Menschen aller Schichten [geraten] _____ ins Hintertreffen. Die Gesellschaft [werden] _____ gespalten; immer mehr Menschen [werden] _____ ins Abseits gedrängt.

2. Die Regierung antwortete, sie [haben] _____ einen Berg Altlasten abzutragen. Jahrelang [haben] _____ wir alle über unsere Verhältnisse gelebt; Sparen [sein] _____ _____ verpönt gewesen. Nun [müssen] _____ man auf die Schuldenbremse treten. Sparmaßnahmen [sein] _____ immer unbeliebt, es [erfordern] _____ Mut, sie durchzusetzen. Dieser Mut [gehören] _____ mit zur Führungsstärke, und die [haben] _____ eben nicht jede Vorgängerregierung gehabt.

3. Der Experte erklärte, öffentliche und private Haushalte [sein] _____ nur bedingt vergleichbar. Jeder Privatmann, der sich [verschulden] _____, [wissen] _____ _____, dass er seine Schulden selbst abtragen [müssen] _____. Also [beschränken] _____ er sich im Ausgeben. Eine Regierung dagegen [können] _____

_____ die Schulden auf die nachfolgende Regierung abwälzen. So [lassen] _____ sich sogar gezielt missliebige Projekte verhindern. Damit [werden] _____ unverantwortliche Haushalte regelrecht vorprogrammiert.

4. Die meisten Befragten gaben an, sie [haben] _____ das Vertrauen in die Politik verloren. Sie [erkennen] _____ keine langfristige Strategie. Sie [vermissen] _____ vorbildliches Handeln. Sie [suchen] _____ ihre Orientierung anderswo.

5. Soziologen warnen vor den Risiken der Orientierungslosigkeit. Sie [öffnen] _____ Tür und Tor für jedermann, der mit Heilsversprechen [daherkommen] _____. Sekten und politisch extreme Gruppierungen [machen] _____ sich das zunutze. Sie [zeigen] _____ den Menschen Ziele, [bieten] _____ ihnen Zugehörigkeit und [versprechen] _____ ihnen Glück.

Dritte Übung
Bitte betrachten Sie den folgenden Text als Literatur, die Sie in Ihre Arbeit einbringen möchten. Tun Sie das in der indirekten Rede: *In der Studie heißt es, die Auswirkungen ...*

Die Auswirkungen der Finanzkrise haben auch die Jugendlichen erreicht. Sie begegnen der wirtschaftlichen Unsicherheit mit einer hohen Leistungsbereitschaft und legen großen Wert auf Abschlüsse. Gute Abschlüsse sind immer noch die beste Jobgarantie.

Jugendliche ohne Abschluss werden sehr schnell sozial abgehängt. Sie finden kaum die gewünschten Ausbildungsplätze, denn für viele Berufe bringen sie nicht die notwendigen Voraussetzungen mit. Die verbleibenden

Alternativen sagen ihnen oft nicht zu, und dann tun sie sich schwer damit, die Ausbildung durchzuhalten. Die Zahl der Ausbildungsabbrüche im Handwerk ist sehr hoch. Für die Betriebe bedeutet ein Abbruch einen wirtschaftlichen Schaden, für die Jugendlichen einen persönlichen Rückschlag. Viele verlieren den Mut und glauben schon gar nicht mehr daran, für sich einen Platz in der Arbeitswelt zu finden.

Siebte Einheit: Satzzeichen

Sie wissen, was es heißt, ohne Punkt und Komma zu reden: maßlos, unkontrolliert, schwallartig. Es ist eine Strapaze für den Zuhörer. Beim Schreiben ist die Wirkung ähnlich. Ein Text, in dem Satzzeichen fehlen oder falsch gesetzt sind, nervt. Denn man gerät beim Lesen ins Straucheln und kommt nicht in den richtigen Takt. Der Text bleibt einem fremd. Mit einer guten Zeichensetzung dagegen kann man Schritt halten.

In dieser Einheit können Sie Ihre Zeichensetzung verbessern. Der erste Baustein gehört allein dem Komma, denn das wird gemeinhin als das schwierigste Satzzeichen empfunden. Hier gibt es auch viele Muss-Regeln. Der zweite Baustein stellt Satzzeichen vor, mit denen Sie Ihr Repertoire erweitern können: Semikolon, Doppelpunkt und Gedankenstrich. Der dritte Baustein schließlich behandelt die Zeichensetzung beim Zitieren.

Sie sollten sich dann um Ihre Zeichensetzung kümmern, wenn Sie zu lange überlegen müssen, wenn Sie nur nach Bauchgefühl vorgehen oder wenn Sie von einer Diät aus Punkt und Komma leben. Dann können Sie einiges dazugewinnen.

26 Das Komma

Das Komma hilft, einen Satz zu untergliedern. Das tut es in vielen verschiedenen Positionen. Die wichtigsten Positionen können Sie an einer Hand abzählen:

1. Das Komma steht immer dann, wenn man die Satzebene wechselt, wenn man etwa von einem Hauptsatz in einen Nebensatz geht oder von einem Nebensatz ersten Grades in einen Nebensatz zweiten Grades. Beispiel: *Er liest das Buch, das Karin ihm geschenkt hat.*
2. Das Komma steht bei Infinitivgruppen, wenn sie mit *um, statt, ohne, außer* oder *als* eingeleitet werden, wenn sie von einem Substantiv abhängen oder wenn sie durch ein hinweisendes Wort angekündigt oder wieder aufgenommen werden. Beispiel: *Er liest ein Buch, um sich zu entspannen. Die Idee, ihm dieses Buch zu schenken, war genial. Er hat sich darauf gefreut, dieses Buch zu lesen.*
3. Das Komma steht zwischen den Gliedern einer Aufzählung, die nicht durch ein *und* oder *oder* verbunden sind. Beispiel: *Er liest gerne historische Romane, Biographien und Science-Fiction.*

4. Das Komma steht vor entgegensetzenden Konjunktionen wie *aber* oder *sondern*. Beispiel: *Dieser Roman ist spannend, aber nicht gut übersetzt.*
5. Ein Komma steht bei Anreden, Ausrufen, Einschüben und Nachträgen. Beispiel: *Ja, das war eine Überraschung. Er hatte niemandem davon erzählt, auch nicht seiner Freundin.*

Diese fünf Positionen können Sie sich mit jeweils einem Stichwort merken: Satzebene, Infinitivgruppe, Aufzählung, Gegensatz, Zusatz. Das macht die Kommasetzung überschaubar, und damit haben Sie eine gute Grundlage zum Üben.

Übungen

Erste Übung

Bitte begründen Sie die Kommas in den folgenden Sätzen. Es reicht, wenn Sie ein Stichwort nennen.

1. Sehr geehrter Herr Leopold, vielen Dank für Ihre Anfrage. (_____)

2. Sie möchten wissen, ob ich auch bei der Installation eines neuen Computers behilflich sein kann. (_____)

3. Ja, das kann ich. (_____)

4. Meine Leistungen umfassen das Erstellen eines Anwenderprofils, die Beratung beim Einkauf, die Einrichtung des Arbeitsplatzes, Sicherheitschecks und erste Hilfe. (_____)

5. Zu meinen Kunden gehören Kleinunternehmen, aber auch Privatpersonen. (_____)

6. Es ist meine Spezialität, für jeden eine maßgeschneiderte Lösung zu finden. (_____)

7. Rufen Sie mich an, wenn Sie einen Termin vereinbaren möchten. (_____)

8. Oder nutzen Sie das Kontaktformular, um mir eine Nachricht zu übermitteln. (_____)

9. Marc finanziert sein Studium, indem er schnell und praktisch bei allen Computerfragen hilft. (_____)

10. Er bekommt sehr viele Anfragen, auch an den Wochenenden. (_____)

Zweite Übung
Hier geht es allein um das Komma vor dem *und*. Das sollten Sie üben, wenn Sie bislang davon ausgegangen sind, dass vor *und* grundsätzlich kein Komma stehen darf. Das stimmt so nicht. Vor *und* darf sehr wohl ein Komma stehen, etwa wenn das *und* zwei Hauptsätze verbindet, wenn es einen Nachtrag einleitet oder wenn es eine neue Satzebene eröffnet. Bitte erklären Sie, warum in den folgenden Sätzen vor dem *und* ein Komma steht.

1. Marcs Angebot stößt in eine Marktlücke, und das hat sich schnell herumgesprochen. (_____)

2. Es richtet sich an Nutzer, die den Überblick verloren haben, und an solche, die nie einen Einblick hatten. (_____)

3. So betreut Marc etwa einen älteren Herrn, einen pensionierten Lehrer, und dessen Frau. (_____)

4. Die beiden haben eine Tochter in den USA, und die hatte ihnen zu Internet und E-Mails geraten. (_____)

5. Marc hat vom Einkauf über die Installation bis zur Einweisung alles erledigt, und das sehr umsichtig und vor allem unkompliziert. (_____)

6. Den beiden ist es eine große Beruhigung, dass Marc immer ansprechbar ist, und das nutzen sie auch. (_____)

7. Bei jedem Problem, und sei es noch so klein, rufen sie Marc. (_____)

8. Die Tochter, die täglich mailt, und vor allem die Enkelkinder sind froh über die Erreichbarkeit. (_____)

9. Marc denkt darüber nach, sich einen Partner zu suchen, und hält Ausschau unter seinen Kommilitonen. (_____)

10. Er glaubt, dass seine Geschäftsidee ein großes Potenzial hat, und setzt alles daran, das zu verwirklichen. (_____)

Dritte Übung
In den folgenden Sätzen fehlen die Kommas. Bitte tragen Sie die nach und begründen Sie Ihr Vorgehen.

1. Marcs Problem ist dass er vor lauter Aufträgen kaum noch zum Studieren kommt. (_____)

2. Kunden die erste Hilfe brauchen können kaum warten bis er seine Klausuren geschrieben hat. (_____)

3. Sie erwarten einen schnellen Einsatz möglichst noch am selben Tag. (_____)

4. Das ist mit ein Grund warum Marc einen Partner sucht. (_____)

5. Es müsste jemand sein der fachlich fit ist zeitlich flexibel und geduldig im Umgang mit den Kunden. (_____)

6. Marc kennt viele Kommilitonen die die ersten Kriterien erfüllen würden doch die Umgänglichkeit steht auf einem anderen Blatt. (_____)

7. Viele Experten können sich gar nicht vorstellen wie es ist keine Ahnung zu haben. (_____)

8. Sie haben kein Verständnis für die Probleme der Kunden erst recht nicht für deren Wünsche. (_____)

9. Trotz allem hat Marc sich vorgenommen vor Freitag dem 13. Mai keine Aufträge mehr anzunehmen. (_____)

10. An dem Tag schreibt er eine Klausur die er bestehen muss wenn er weiterkommen will.(_____)

27 Weitere Satzzeichen

Punkt und Komma sind die häufigsten Satzzeichen; damit können Sie ganze Texte bestreiten. Wenn Sie jedoch die Textsteuerung noch verfeinern möchten, dann sollten Sie auch weitere Satzzeichen berücksichtigen, nämlich das Semikolon, den Doppelpunkt und den Gedankenstrich.

Das Semikolon sieht aus wie ein Komma mit Punkt obendrauf und heißt deshalb auch *Strichpunkt*. Seine Leistung rangiert zwischen Komma und Punkt. Es kann zwischen zwei Sätzen stehen, wo das Komma zu schwach wäre und der Punkt zu stark. Bei Aufzählungen kann es Gruppen markieren; die Glieder innerhalb der Gruppe werden per Komma voneinander getrennt.

Der Doppelpunkt ist ein Ankündigungszeichen. Das kennen Sie von der wörtlichen Rede her. Aber Sie können ihn auch nutzen, um andere Aussagen anzukündigen: eine Erklärung, eine Spezifizierung oder einen Höhepunkt.

Der Gedankenstrich markiert eine Pause. Die kann der Leser nutzen, um sich auf einen neuen Gedanken einzustellen. Paarige Gedankenstriche markieren Einschübe, die sich deutlich vom Satz abheben sollen.

Semikolon, Doppelpunkt und Gedankenstrich sind in der Regel kein Muss; es könnten auch andere Satzzeichen stehen. Wie gesagt: Mit Punkt und Komma geht fast alles. Sie können das vergleichen mit dem Autofahren: Wer es unbedingt darauf anlegt, kann ganze Strecken in einem Gang fahren. Die Fahrt ist zwar holprig, aber man fährt. Wer geschmeidig fahren will, muss schalten. Wenn Sie geschmeidig durch einen Text führen wollen, müssen Sie differenzierte Zeichen setzen. Das können Sie nun üben.

Übungen

Erste Übung

Die folgenden Passagen sind allein mit Punkt und Komma ausgestattet. Bitte überlegen Sie, wo Semikolon, Doppelpunkt und Gedankenstrich das Lesen noch besser steuern könnten.

1. Das Armutsrisiko in Deutschland steigt. Mittlerweile sind 14 Prozent der Bevölkerung armutsgefährdet, 11,5 Millionen Menschen. Dabei sind vor allem junge Erwachsene und Haushalte mit Kindern betroffen.
2. Die Forscher des Deutschen Instituts für Wirtschaftsforschung (DIW) machen für das Armutsrisiko vor allem drei Gründe aus. Die Dauer der Ausbildung sowie der Anteil der Hochschulabsolventen hat zugenommen, was wiederum den Einstieg ins Berufsleben verzögert. Zudem steigen viele junge Leute über ausgedehnte Praktika und prekäre Arbeitsverhältnisse ins Arbeitsleben ein. Und es gibt den Trend, dass Jugendliche das Elternhaus früher verlassen.
3. Mit der Armut nimmt auch das Bestreben zu, die Armut zu lindern. Aus diesem Bestreben heraus sind die Tafeln entstanden. Die Grundidee ist einfach. Lebensmittel, die anderswo überflüssig sind, werden eingesammelt und an diejenigen verteilt, die sie dringend brauchen.
4. Die erste deutsche Tafel wurde 1993 in Berlin gegründet. Derzeit gibt es 861 Tafeln. Sie versorgen regelmäßig rund 1.000.000 bedürftige Personen, davon fast ein Viertel Kinder und Jugendliche.
5. Die Arbeit der Tafeln ist grundsätzlich ehrenamtlich. Sie kann, wenn möglich und notwendig, unterstützt werden durch unterschiedlich finanzierte und geförderte Mitarbeiter.
6. Tafeln sind auf vielfältige Hilfe angewiesen. Sie brauchen frische und haltbare Lebensmittel, Fahrzeuge, mit denen diese Lebensmittel eingesammelt werden, Räume, wo sie gelagert und ausgegeben werden, logistisches Know-how und Verwaltungshilfen und viele Stunden freiwilliger Arbeit.
7. Tafeln werden nicht zuletzt deshalb so weitläufig unterstützt, weil viele Menschen, vor allem diejenigen, die Armut noch aus erster Hand kennen, sich nicht damit abfinden wollen, dass Tag für Tag Tonnen verzehrfähiger Lebensmittel vernichtet werden.

8. Das freiwillige Engagement kommt aus allen Bevölkerungsschichten. Der Umfang des Einsatzes jedoch variiert sehr stark. Es beteiligt sich jeder nach seinen Möglichkeiten.
9. Bei unserer Tafel ist eine klare Aufgabenteilung zu erkennen. Die Männer fahren die Touren, um die Spenden einzusammeln. Die Frauen sortieren die Ware und geben sie aus.
10. Die ehrenamtlichen Helfer haben zum einen den Wunsch, Gutes zu tun, zum anderen ziehen sie auch einen eigenen Nutzen aus ihrem Einsatz.

Zweite Übung
In den folgenden Passagen ist die Zeichensetzung auf den Schlusspunkt beschränkt. Bitte ergänzen Sie die Satzzeichen, die sonst noch notwendig sind. Sie können auch Schlusspunkte aufheben und durch andere Satzzeichen ersetzen. Beim Doppelpunkt denken Sie bitte an die Groß- und Kleinschreibung.

1. Kritiker werfen der Tafel-Bewegung vor dass sie Armut erträglich mache aber nicht strukturell bekämpfe. Durch ihre gute Arbeit trage sie dazu bei dass der Sozialstaat sich immer weiter zurückziehe.
2. Befürworter gehen vom sozialen Ist-Zustand aus. Das sind rund eine Million Menschen die ihren Lebensunterhalt nicht ohne zusätzliche Hilfe bestreiten können. Diesen Menschen nicht zu helfen nur um Druck auf die Politik auszuüben wäre zynisch.
3. Befürworter sagen allerdings auch dass die Arbeit der Tafeln Forderungen an die Politik nicht ausschließen darf.
4. Kritiker und Befürworter zugleich sehen eine Gefahr die nicht von der Tafel zu weisen ist. Tafelnutzer können sich so sehr an die Tafel gewöhnen dass sie ihre Eigeninitiative zurücknehmen.
5. Auf der Liste der Forderungen egal von wem sie kommen steht ein Titel immer ganz oben eine bessere Bildung.
6. Bildung ebnet den Weg in den Arbeitsmarkt und das ist nach wie vor die beste Garantie gegen Armut. Eine Studie des Wissenschaftszentrums Berlin belegt Folgendes. Das Risiko als gut ausgebildeter Angestellter entlassen zu werden ist seit 1984 kaum gestiegen.
7. Bildung und zwar nicht nur berufliche Bildung hilft außerdem besser mit dem Alltag zurechtzukommen.
8. So wird an den Tafeln immer wieder beobachtet dass Nutzer mit vielen Zutaten etwa mit frischem Gemüse überhaupt nichts anzufangen wissen.

Sie können nicht das einfachste Gericht kochen sind also auf Fertiggerichte angewiesen.
9. Fehlende Grundfertigkeiten sind kein spezifisches Merkmal der Tafelnutzer sie sind ein gesamtgesellschaftliches Problem. Sie sind ein Appell an alle Verantwortlichen die Lehrpläne der Schulen zu überdenken.
10. Schule sollte alle Schüler dazu befähigen das Beste aus sich herauszuholen um damit ein gelingendes Leben zu führen.

Dritte Übung
Die folgenden Aussagen sollen einen zusammenhängenden Text bilden. Bitte setzen Sie die Satzzeichen, die dazu nötig sind.

Satzzeichen sind vielen ein Ärgernis
Sie kosten viel Zeit wenn man sie nicht zu setzen weiß
Sie gelten als Fehler wenn sie fehlen oder an der falschen Stelle stehen
Das ist viel Gedöns um kleine Pünktchen und Strichelchen die nicht einmal einen eigenen Inhalt haben
Man hätte sie zusammen mit der Groß- und Kleinschreibung über Bord werfen sollen
Dann könnte man sich auf das konzentrieren was zählt auf die Wörter
Doch was wäre mit dem Leser
Der hätte all die wohl gewogenen Wörter vor sich und wüsste sich keinen Reim darauf zu machen
Er würde sich vorkommen wie in einer Stadt ohne Schilder
Er wüsste die Stadt hat viele Sehenswürdigkeiten aber er könnte sie nicht finden
Die Stadt und hier mag man an Schilda und die Schildbürger denken würde ihm mächtig dumm vorkommen
Keine Sehenswürdigkeiten zu haben ist bedauerlich
Sehenswürdigkeiten versteckt zu halten das ist unverzeihlich
Also tun Sie dem Leser den Gefallen und errichten Sie ein Leitsystem
Sorgen Sie dafür dass er ohne sich ärgern zu müssen zum Ziel gelangt
Wenn er dort ankommt ist er zufrieden
Ein zufriedener Leser ist das beste Zeugnis für einen guten Text
Und der macht Sie zu einem zufriedenen Autor

28 Zeichensetzung bei Zitaten

Zitieren heißt, dass Sie in Ihrem Text andere zu Wort kommen lassen. In wissenschaftlichen Arbeiten ist das unumgänglich, denn sie setzen sich ja mit der Forschung anderer auseinander. Also *muss* man deren Aussagen anführen. Auch in nicht wissenschaftlichen Texten kann man Zitate nutzen, um die eigene Argumentation zu stützen.

Grundsätzlich gibt es zwei Möglichkeiten, die Aussagen anderer in die eigenen Texte einzubinden: Sie können die Aussagen indirekt wiedergeben, und Sie können wörtlich zitieren. Darum geht es in diesem Baustein.

Siehe Baustein 25

Das wörtliche Zitat übernimmt den Originaltext, wie er ist. In diesem Sinne lässt man ältere Texte auch in der alten Rechtschreibung stehen. Längere Zitate – gehen Sie von mehr als drei Zeilen im Originaltext aus – werden vom Fließtext abgesetzt. Sie stehen in einem Absatz für sich. Dieser Absatz wird eingerückt und oft auch mit verringertem Zeilenabstand geschrieben, sodass er auf den ersten Blick erkenntlich ist. Kürzere Zitate werden in den Fließtext eingebaut. Sie werden in doppelte Anführungszeichen gesetzt. Zitate innerhalb des Zitats stehen in einfachen Anführungszeichen. Auslassungen im Zitat werden durch drei Auslassungspunkte markiert. Ergänzungen oder Anpassungen werden in eckige Klammern gesetzt. Wenn Sie im Originaltext einen Fehler sehen, so übernehmen Sie diesen Fehler ins Zitat und markieren ihn durch ein [sic]. Das Wörtchen *sic* heißt *so* und zeigt an, dass der Fehler so im Original vorkommt. Wenn Sie im Zitat etwas hervorheben, so markieren Sie bitte, dass die Hervorhebung von Ihnen stammt. Das machen Sie so: [Hervorhebung xy]. Für xy setzen Sie die Anfangsbuchstaben Ihres Namens.

Das Zitieren allein ist noch nicht sehr aussagekräftig; sinnvoll wird es erst zusammen mit der Quellenangabe. Schließlich muss der Leser dem Zitat ja nachgehen können. In der Regel wird heute mit Kurzbeleg zitiert. Das heißt: Man gibt gleich im Anschluss an das Zitat in Klammern die wesentlichen Angaben an. Das sind Autor, Jahr und Seite. Die detaillierten Angaben sind dann im Literaturverzeichnis zu finden. Sehen Sie sich dazu Beispiele an:

1. Auffällig ist, wie häufig Strindberg über Selbstmord schreibt. Dazu bemerkt Lagercrantz in seiner Biographie: „Doch über

die eigenen Aussagen hinaus ist in seinem Leben nicht ein einziger noch so kleiner Selbstmordversuch festzustellen, und schon die unerhörte Frequenz der Selbstmorddrohungen stimmt nachdenklich" (Lagercrantz 1980: 38).

2. Lagercrantz sieht in Strindberg einen „sehr weibliche[n] Mann, wenn man Empfindlichkeit, Weichheit, Ängstlichkeit, Geduld mit Kindern, Fürsorge, Liebe zu Blumen, Neigung zu Tränen, plötzliche Stimmungswechsel zu weiblichen Eigenschaften rechnet" (Lagercrantz 1980: 233).

3. Strindberg ist voller Misstrauen gegen seine Frau, und so glaubt er, „daß Siri und Marie David auf Lemshaga in einer ‚Tribadenmenage' leben, daß Schnapsorgien zur Tagesordnung gehören, daß körperliche und psychische Gesundheit der Kinder in Gefahr sind" (Lagercrantz 1980: 317).

Im zweiten Zitat ist die Endung von *weiblich* an den Satzbau angepasst, daher die eckigen Klammern. Im dritten Zitat ist die *Tribadenmenage* ein Zitat im Zitat, daher die einfachen Anführungszeichen. Der zu den Zitaten gehörige Eintrag im Literaturverzeichnis sieht so aus:

Lagercrantz, Olof. *Strindberg*. Aus dem Schwedischen von Angelika Gundlach. Frankfurt: Insel, 1980.

Bitte halten Sie sich mit der Zitierweise an die Vorgaben Ihres Fachbereichs.

Jetzt noch drei Anmerkungen zum Inhaltlichen: Erstens überlegen Sie bitte, bevor Sie zitieren, ob Ihre Quelle überhaupt zum Zitieren geeignet ist. Zweitens achten Sie darauf, dass Sie das Zitat in den eigenen Kontext einbetten, ohne jedoch den ursprünglichen Kontext zu verzerren. Man darf nicht einem anderen das Wort im Munde verdrehen. Drittens übernehmen Sie niemals fremden Text ohne Quellenangabe. Das wäre Plagiat und würde als Betrug gewertet.

Sie sehen, wie wichtig es ist, sauber zu zitieren. Deshalb sollten Sie es üben, bis Sie sich sicher fühlen.

Baustein 28: Zeichensetzung bei Zitaten **111**

Übungen

Erste Übung
Bitte erklären Sie, wie die folgenden Zitate zu lesen sind.

1. Lagercrantz sieht in der Konkurrenz zu Ibsen einen starken Antrieb. Dessen Ruhm, so schreibt er, „war ihm [Strindberg] eine tägliche Qual, denn Ibsen war ihm stets um einen Schritt voraus ... Der Ehrgeiz, der Wille, an erster Stelle zu stehen, wirkt unablässig in Strindberg, und man gewinnt den Eindruck, daß er nicht nur seine Sicht auf die Frau, auch sein Leben mit Ibsen im Blickfeld ausrichtet" (Lagercrantz 1980: 238-239).

2. Die Konkurrenz wirkte auch in umgekehrter Richtung: Ibsen hatte stets ein Auge auf Strindberg. Lagercrantz erinnert daran, „daß an einer Wand seines Arbeitszimmers Christian Kroghs Strindberg-Porträt hing und er einmal äußerte, er werde ‚die teuflischen Augen dieses verrückten Menschen' nicht los" (Lagercrantz 1980: 239).

Zweite Übung
Bitte überlegen Sie sich ein paar Sätze zum Thema Bildungssprache und zitieren Sie dazu aus Teil I dieses Buches. Schreiben Sie die Quellenangabe dazu und den Eintrag fürs Literaturverzeichnis.

Teil IV: Weiterkommen

Sie werden in den vorangehenden Teilen schon einiges dazugelernt haben, und das dürfte die beste Motivation sein weiterzumachen. Das lohnt sich auf jeden Fall, denn das Schöne am Schreiben ist: Egal, auf welchem Niveau man sich bewegt, man kann immer noch Fortschritte machen. Dazu können Sie die Strategien einsetzen, die in dieser Einheit vorgestellt werden.

Achte Einheit: Strategien

Stellen Sie sich jemanden vor, der ernsthaft Sport treibt. Dieser Sportler wird regelmäßig trainieren. Er wird auch sonst ein Leben führen, das dem Sport zuträglich ist: sich gesund ernähren, genug schlafen, den Körper fit und in Form halten. Er wird sich auf Wettkämpfe extra vorbereiten; nach Wettkämpfen wird er seine Stärken und Schwächen analysieren. Er wird das Geschehen im Sport verfolgen und sehen, was andere machen. Kurz und gut: Er wird keine Gelegenheit auslassen, etwas für seinen Sport zu tun.

Bitte wechseln Sie jetzt vom Sportler zum Schreiber, denn da gibt es einige Ähnlichkeiten. Wer das Schreiben ernst nimmt, sollte ein schreibfreundliches Leben führen. Er sollte viel schreiben, bei jeder Gelegenheit. Auf größere Projekte – etwa eine Hausarbeit oder eine Bachelorarbeit – sollte er sich vorbereiten. Die Ergebnisse sollte er auswerten, und die Auswertung sollte in die weitere Arbeit einfließen. Wer schreibt, sollte immer auch lesen.

Lesen Sie im ersten Baustein, wie Sie Ihre Arbeiten planen, umsetzen und auswerten. Im zweiten Baustein finden Sie Anregungen zu sprachlichen Übungen, die Sie in Ihr tägliches Training integrieren können.

29 Schreiben von A bis Z

A ist Ihr Auftrag: der Text, den Sie zu schreiben haben. Z ist Ihr Ziel: das gute Ergebnis. Die Strecke von A bis Z sollten Sie planen. Dazu können Sie sich eine Zeitschiene einrichten mit sechs Etappen:

1. Sie machen das Thema fest. Dazu verschaffen Sie sich einen Überblick über den Stand der Literatur. Sie überlegen, was zum Thema dazugehört, was nicht. Das sprechen Sie auch mit Ihrem Dozenten ab.
2. Sie bearbeiten die Literatur, machen Notizen und entwickeln dabei ein Konzept.
3. Auf der Grundlage Ihres Konzepts schreiben Sie eine Rohfassung.
4. Auf der Grundlage Ihrer Rohfassung entwickeln Sie die Endfassung.
5. Sie lesen Korrektur. Im besten Fall liest auch noch eine zweite Person.

6. Sie arbeiten die Korrekturen in den Text ein, formatieren ihn und machen ihn fertig.

Wenn Sie Ihre Hausarbeiten zurückbekommen, schauen Sie bitte nicht nur auf die Note, sondern auch auf die Anmerkungen. Was ist dran an der Kritik? Überlegen Sie, was Sie daraus ableiten können für künftige Arbeiten.

Übungen

Erste Übung
Bitte denken Sie zurück an Ihre letzte große Arbeit und rekonstruieren Sie den Ablauf. Tun Sie das möglichst detailliert. Wo haben Sie sich verzettelt? Wo hat Ihnen Zeit gefehlt? Konnten Sie die Arbeit so abschließen, wie Sie das wollten?

Zweite Übung
Nehmen Sie die Erkenntnisse aus der ersten Übung und machen Sie daraus, wenn die nächste Arbeit ansteht, einen guten Plan.

30 Noch mehr Übungen

Dass man durch Üben nur besser werden kann, haben Sie gemerkt. Jetzt können Sie noch Vorschläge für Übungen mitnehmen, die Sie immer mal nebenbei absolvieren können, teils sogar im Kopf.

Übungen

Erste Übung
Während Sie durch den Tag gehen, kriegen Sie so einiges zu lesen: Fachliteratur etwa, Broschüren, Flyer oder auch Schreiben vom Amt. Früher oder später werden Sie beim Lesen über holprige Sätze stolpern. Gut so! Denn jetzt können Sie üben. Gehen Sie *nicht* über den Satz hinweg, sondern formulieren Sie den Inhalt so, dass er auf Anhieb zu verstehen ist.
 Hinweis: Bei längeren und stark verworrenen Sätzen geht diese Übung nur in zwei Schritten. Machen Sie sich zuerst klar, was überhaupt dasteht; dann erst können Sie die Information neu anordnen.
 Die Übung hilft Ihnen, sich klares und einfaches Formulieren zur Gewohnheit zu machen.

Zweite Übung
Lesen Sie einen Text oder einen Auszug aus einem Text und sagen Sie in einem Satz, worum es geht.

Diese Übung hilft Ihnen, das Wesentliche aus einem Text herauszuschälen und auf den Punkt zu bringen.

Dritte Übung
Lesen Sie interaktiv. Notieren Sie beim Lesen Fragen, Kritik, Vergleiche, Verweise, weiterführende Ideen – was Ihnen in den Sinn kommt.

Durch diese Übung rücken Lesen und Schreiben näher zusammen. So ist Ihnen beim Schreiben stärker bewusst, dass Sie im Dialog stehen mit dem Leser.

Literatur

I Quellen

Mit den folgenden Werken habe ich gearbeitet. Jedes einzelne ist ein Vergnügen zu lesen. Deshalb sind die Angaben gleichzeitig auch Lesetipps.

Allen, Woody. „Das Zwischenspiel mit Kugelmass." *Alles von Allen. Storys, Szenen, Parodien*. Deutsch von Benjamin Schwarz. Reinbek: Rowohlt, 2008. 385-402.
Boyle, T. C. *Die Frauen. Roman*. Übersetzt aus dem Amerikanischen von Dirk van Gunsteren, Kathrin Razum. München: Hanser, 2009.
Doctorow, E. L. *Ragtime*. Deutsch von Angela Praesent. Reinbek: Rowohlt, 1976.
Doctorow, E. L. *Sweet Land Stories*. Aus dem Englischen von Angela Praesent. Köln: Kiepenheuer & Witsch, 2006.
Lagercrantz, Olof. *Strindberg*. Aus dem Schwedischen von Angelika Gundlach. Frankfurt: Insel, 1980.
Steinbeck, John. *Die Früchte des Zorns*. Aus dem Amerikanischen übertragen von Klaus Lambrecht. Wien: Zsolnay, 1993.
Steinbeck, John. *Jenseits von Eden*. Aus dem Amerikanischen übertragen von Harry Kahn. Wien: Zsolnay, 1993.
Steinbeck, John. *Straße der Ölsardinen/Tortilla Flat*. Aus dem Amerikanischen von Rudolf Frank/Elisabeth Rotten. Wien: Zsolnay, 1993.

II Nachschlagewerke und ergänzende Literatur

Duden 1: Die deutsche Rechtschreibung. 25. Auflage. Mannheim: Dudenverlag, 2009.
Duden 4: Die Grammatik. 8. Auflage. Mannheim: Dudenverlag, 2009.
Duden 9: Richtiges und gutes Deutsch: Wörterbuch der sprachlichen Zweifelsfälle. 6. Auflage. Mannheim : Dudenverlag, 2007.
Hoffmann, Monika. *Besser schreiben für Dummies*. Weinheim: Wiley-VCH, 2010.
Hoffmann, Monika. *Deutsch fürs Studium: Grammatik und Rechtschreibung*. 2. Auflage. Paderborn: Schöningh, 2010.